**Autodeterminação
dos Povos e Direito
das Minorias**

Autodeterminação dos Povos e Direito das Minorias

A QUESTÃO CURDA

2022

Priscila Caneparo dos Anjos

AUTODETERMINAÇÃO DOS POVOS E DIREITO DAS MINORIAS
A QUESTÃO CURDA
© Almedina, 2022
AUTOR: Priscila Caneparo dos Anjos

DIRETOR ALMEDINA BRASIL: Rodrigo Mentz
EDITORA JURÍDICA: Manuella Santos de Castro
EDITOR DE DESENVOLVIMENTO: Aurélio Cesar Nogueira
ASSISTENTES EDITORIAIS: Isabela Leite e Larissa Nogueira
ESTAGIÁRIA DE PRODUÇÃO: Laura Roberti

DIAGRAMAÇÃO: Almedina
DESIGN DE CAPA: Roberta Bassanetto

ISBN: 9786556276243
Setembro, 2022

Dados Internacionais de Catalogação na Publicação (CIP)
(Câmara Brasileira do Livro, SP, Brasil)

Anjos, Priscila Caneparo dos
Autodeterminação dos povos e direito das minorias : a questão curda / Priscila Caneparo dos Anjos. -- São Paulo : Almedina, 2022.

Bibliografia.
ISBN 978-65-5627-624-3

1. Autodeterminação nacional 2. Curdos - Política e governo 3. Dignidade humana 4. Direito internacional 5. Direitos humanos 6. Minorias – Direitos 7. Xenofobia I. Título.

22-115181　　　　　　　　　　　　　　　CDU-347.121.1:341(7/8)

Índices para catálogo sistemático:
1. Direitos humanos : Sistema interamericano de proteção : Direito internacional
347.121.1:341(7/8)
Eliete Marques da Silva - Bibliotecária - CRB-8/9380

Este livro segue as regras do novo Acordo Ortográfico da Língua Portuguesa (1990).

Todos os direitos reservados. Nenhuma parte deste livro, protegido por copyright, pode ser reproduzida, armazenada ou transmitida de alguma forma ou por algum meio, seja eletrônico ou mecânico, inclusive fotocópia, gravação ou qualquer sistema de armazenagem de informações, sem a permissão expressa e por escrito da editora.

EDITORA: Almedina Brasil
Rua José Maria Lisboa, 860, Conj.131 e 132, Jardim Paulista | 01423-001 São Paulo | Brasil
www.almedina.com.br

Ó meu povo, sede justos na medida e no peso e nada lesai os outros, e não corrompais a terra.
(Maomé. Alcorão, 11:85).

SUMÁRIO

INTRODUÇÃO	9
1. APONTAMENTOS SOBRE A QUESTÃO CURDA	13
1.1. Relato Histórico	13
1.1.1 Curdos na Turquia	19
1.1.2 Curdos no Iraque	27
1.1.3 Curdos no Irã	35
1.1.4 Curdos na Síria	41
1.1.5 Curdos na Armênia	49
1.1.6 Curdos no Azerbaijão	55
1.2. Elementos Conclusivos: Uma Primeira Análise	60
2. TEORIA DO ESTADO E O DIREITO INTERNACIONAL: ENFOQUE SOBRE A PROBLEMÁTICA CURDA	61
2.1. Definição de Cidadania no Cenário Internacional	61
2.2. O Surgimento dos Estados, sua Importância e Implicações	66
2.3. O Fenômeno do Surgimento da Nação e do Nacionalismo	79
2.4. Conseqüências da Perda da Cidadania, do Desmem-Bramento do Estado Curdo e do Não-Reconhecimento da Nacionalidade	88
2.5 Aspectos Relevantes do Direito Internacional Público	90
3. O PRINCÍPIO DA AUTODETERMINAÇÃO E O POVO CURDO	101
3.1. O Direito dos Povos	101
3.2. O Princípio de Autodeterminação dos Povos no Contexto Internacional	105
3.3. O Direito Internacional dos Direitos Humanos e as Minorias Étnicas	115
3.3.1 Conceito de Minoria	120
3.3.2. Os Direitos das Minorias – Enfoque nas Minorias Étnicas	128
3.4. A Autodeterminação da Minoria Curda no Âmbito do Direito Internacional	135
3.5. A Situação dos Curdos no Mundo Ocidental	138
CONCLUSÕES	143
REFERÊNCIAS	147

INTRODUÇÃO

A conjuntura do século XX fora marcada por acontecimentos que abalaram e violaram os direitos humanos. Fatos como as duas grandes guerras mundiais, o genocídio de diversos povos mundo afora, perseguições a determinadas etnias, crença na superioridade de uma única raça foram alguns dos exemplos que fizeram com que as minorias eclodissem e reivindicassem seus direitos naquele período histórico, reverberando, igualmente, no século XXI, quando há o advento da chamada crise migratória[1].

Ocorre que, a partir de então, desponta não apenas a configuração, mas a necessidade prática do princípio da autodeterminação dos povos ser consolidado, a partir da construção de um aparato normativo apto a garantir o direito não apenas ao exercício da autodeterminação dos povos, mas aos próprios direitos inerentes à qualidade de minoria. Nesse contexto, a Organizações das Nações Unidas, em 1992, desenvolve, de forma inédita, um documento específico para tratar sobre tal tema, qual seja, a Declaração dos Direitos das Pessoas Pertencentes a Minorias Nacionais, Étnicas, Religiosas e Linguísticas e, em 1995, estabelece o Grupo de Trabalho das Nações Unidas para as Minorias, ambos visando a promoção e a proteção dos direitos humanos no âmbito das minorias.

---

[1] Conforme destaca a Organização Internacional para as Migração (OIM): *o termo 'crise migratória' é utilizado para descrever fluxos migratórios significativos e complexos resultantes de uma crise e que, de um modo geral, envolvem vulnerabilidades consideráveis para as pessoas e comunidades afectadas.* ORGANIZAÇÃO INTERNACIONAL PARA AS MIGRAÇÕES. **Migrants Caught in Crisis: The IOM Experience in Libya**. Disponível em: http://publications.iom.int/bookstore/free/MigrationCaughtinCrisis_forweb.pdf. Acesso em: 06 de maio de 2021. p. 5.

A partir do processo de descolonização, ocorrido em meados dos anos 70, determinadas particularidades, especialmente no continente africano[2], confrontaram a realidade internacional para que esta não se mantivesse inerte em relação à consolidação do princípio da autodeterminação dos povos, focalizando, especialmente, na esfera das minorias. Localiza-se, nesse campo de estudo, o direito das minorias étnicas, cujos quais tornaram-se imprescindíveis especialmente devido aos constantes fluxos migratórios ocorridos entre os continentes, bem como em realidades regionais, por consequência de anexação e desmembramento de territórios. Dentro de tal perspectiva, deve-se atentar ao ponto que das minorias étnicas deverem ter suas diferenças respeitadas não apenas por conta do princípio da autodeterminação dos povos, mas por todo o aparato axiológico advindo da própria Declaração Universal dos Direitos Humanos (1948).[3]

Combinadas todas essas informações, discorre-se que o presente trabalho vem a tratar de uma das minorias étnicas existentes na atualidade, qual seja: a curda. Lembra-se que a problemática de tal minoria se inicia no século XVII, quando ocorre o desmembramento do Estado do Curdistão, uma vez que, juntamente com a fragmentação territorial do seu Estado, os curdos assistem, também, à fragmentação de seus direitos naqueles outros Estados que anexaram tais porções geográficas.

Assim sendo, o primeiro questionamento norteador do presente estudo é como fora e como está a situação, como minoria étnica, do povo curdo no interior daqueles Estados que albergaram tal povo após o desmembramento de seu Estado?

De tal forma, propõe-se a esboçar, de maneira sucinta, a vida que a população curda está desfrutando na Turquia, no Iraque, no Irã, na Síria, na Armênia e no Azerbaijão, anunciando, especialmente, quais são as principais – e históricas – violações dos direitos humanos ao povo curdo naquelas realidades verificadas.

A partir daí, passar-se-á ao exame das questões atreladas ao próprio Direito Internacional, que importam para a correta compreensão da causa e, mais, que podem ser úteis para o desenrolar de soluções, ao menos teóricas,

---

[2] BIRMINGHAM, David. **The Decolonization of Africa**. London: Taylor & Francis, 2008.
[3] SOUSA, Isa Filipa António de. Autodeterminação de Independência das Minorias – Mecanismo de Salvaguarda Internacional (?). Problemáticas. **Lex Humana**, Petrópolis, v. 7, n. 1, p. 58 – 78, 2015.

para casos análogos de outros povos. Assim sendo, serão explorados os institutos da cidadania; o surgimento dos Estados, das nações e do nacionalismo; a eclosão do princípio autodeterminação dos povos – uma vez que é esse que garante condições ao desenvolvimento de todos os outros direitos inerentes às minorias étnicas –; o direito das minorias étnicas; e, por último, a institucionalização da temática no cenário das organizações internacionais, com especial enfoque à Organização das Nações Unidas. Assim sendo, será estudado, inicialmente, aspectos inerentes à cidadania, ao surgimento dos Estados, das nações e do nacionalismo.

Como resultado de tais exposições, analisar-se-á a própria situação fática curda e em que medida os institutos e concretizações jurídicas podem ser úteis à resolução da causa curda. Pretende-se chegar a respostas concretas para questionamentos como: por quais motivos os curdos não desfrutam de uma cidadania efetiva? Como o desmembramento do antigo Estado do Curdistão influenciou na vida do povo que ali vivia? O que falta ser feito para que o princípio da autodeterminação dos povos seja efetivado aos curdos, segundo o Direito Internacional Público?

Para tanto, o trabalho será estruturado da seguinte forma: o primeiro capítulo abordará uma síntese histórica da situação dos curdos nos Estados que anexaram parcelas territoriais do antigo Curdistão, quais sejam (a partir da ordem a ser estudada): Turquia, Iraque, Irã, Síria, Armênia e Azerbaijão.

Após, o segundo capítulo versará sobre a teoria do Estado e os principais institutos indispensáveis à compreensão da questão do Direito Internacional, dando especial atenção ao conceito de cidadania, ao surgimento do Estado e as consequências de seu desmembramento e outros aspectos que se julgarem relevantes à análise.

No terceiro capítulo, aprofundar-se-á a cognição do princípio da autodeterminação dos povos, alcançando a cognição do direito dos povos, do princípio da autodeterminação dos povos, do direito das minorias étnicas, chegando ao exame da autodeterminação da minoria curda no âmbito do Direito Internacional. Por fim, no mesmo capítulo, serão averiguadas situações pontuais da vida dos curdos no mundo Ocidental.

O presente trabalho será estruturado segundo o método dedutivo, a partir de uma premissa maior, uma premissa menor e uma conclusão. A premissa maior vem a ser a própria questão curda. Assim sendo, explica-se também o motivo do título da pesquisa ser como tal se mostra, uma vez que a questão curda vem a ser a germinação necessária para a verificação dos institutos do Direito Internacional. Quando se demonstrar possível a utilização de generalizações, então, paralelamente, operar-se-á com o método indutivo – caminhando do geral para o particular, considerando que se um fenômeno ocorre tal como os outros, ter-se-á apenas um único resultado.

Para tanto, também, elegeu-se o exame doutrinário dos institutos, bem como, quando possível, o exame empírico de dados relacionados ao povo curdo.

Por fim, justifica-se a peculiaridade do presente exame: o princípio da autodeterminação dos povos, relacionado para com o direito das minorias étnicas e trabalhado na vertente da causa curda faz com que os temas a serem aqui abordados não se encerrem por si só, podendo, inegavelmente, serem aplicados, de forma análoga, a realidades paralelas, cada vez mais presente em um mundo globalizado e migrante, de outros povos e etnias, ainda carentes de atenção como será dada ao povo curdo a partir desse momento.

1
APONTAMENTOS SOBRE A QUESTÃO CURDA

1.1. Relato histórico

Os curdos constituem uma das maiores minorias étnicas sem um Estado próprio existentes hoje no mundo. Ocorre que, ainda que sendo uma das maiores nações hoje existentes, a falta de dados concretos sobre a população curda acaba por impossibilitar com que se saiba, exatamente, quantos curdos vivem no Oriente Médio[4] – local que outrora estava localizado o Estado do Curdistão. Ainda assim, a partir das poucas pesquisas estatísticas em relação a tal povo, sabe-se que metade de seu povo (aproximadamente 16 milhões) vivem na Turquia; 7 milhões no Iraque; 8 milhões no Irã e 2 milhões na Síria[5]. Ainda, pode-se encontrar o povo curdo em países da Ásia Central, como Armênia e Azerbaijão. Ao longo de sua história, cujos primeiros registros remontam ao ano 4000 a.C., na região da Ásia Central, os curdos foram pastores, agricultores e guerreiros[6]. Também, a etnia curda fora a mais atraiçoada e manipulada que se tem registro.

São descendentes de tribos pastores, os quais possuem sua origem indo-europeia, ocupando a milhares de anos uma faixa de 50.000 quilômetros quadrados, localizados desde a Anatólia Oriental[7], na Turquia, até as mon-

---

[4] GUNES, C. The Kurds in a New Middle East. London: Palgrave Macmillan, 2019.
[5] GUNES, C. The Kurds in a New Middle East. London: Palgrave Macmillan, 2019.
[6] EPPEL, Michael. A People Without a State – The kurds from the rise of Islam to the dawn of nationalism. Austin: University of Texas Press, 2016.
[7] A região turca denominada de Anatólia sempre fora importante aos povos não reconhecidos pelo regime político devido às formações cavernosas que podem servir como esconderijos.

tanhas Zagros[8], encontradas no oeste iraniano e norte do Iraque[9]. Atenta-se ao fato que, nessa região, encontram-se grandes reserva petrolíferas, e recursos hídricos o que ocasionou, ocasiona e, com toda a certeza, virá ainda a ocasionar um grande interesse por parte dos Estados vizinhos ao antigo Curdistão.[10]

Relevante lembrar que esse povo sempre foi considerado como um grande guerreiro (curdo, em persa, significa herói), mas, apesar de tal característica, no atual momento, estão sendo tratados de maneira injusta e sem a suficiente representação internacional, sofrendo, repetidamente, genocídios, crimes contra a humanidade e tantas outras maneiras de abusos dos direitos humanos.

Fazendo-se um paralelo para se chegar a uma conclusão do motivo dos curdos assim estarem sendo tratados, começar-se-á pelos primórdios de sua história. Assim, no decorrer do tempo, apesar da influência de muitas outras etnias, os curdos mantiveram seus traços culturais característicos, sobressaindo-se a tradição guerreira e a forma societária de democracia tribal, baseada na propriedade coletiva das terras[11]. O relevo montanhoso da região contribuiu para a preservação de suas particularidades nacionais. Considera-se o ano de 612 a.C., data da conquista da Assíria, como o princípio da era curda, tendo sido o seu maior herói Saladino[12] (1138- 1193), cujo qual conquistou Jerusalém para o Islão em 1918, no fim da Primeira Guerra Mundial, deixando margens à esperança de um Estado Curdo[13].

Relembra-se, ainda, terem os curdos lutado, ao longo de sua história, contra persas, mongóis, turcos, árabes e britânicos, além da maioria curda

---

[8] A Cordilheira de Zagros forma a maior cordilheira do Iraque e a segunda maior do Irã. Compunha extensas faixas territoriais do antigo Estado do Curdistão, sendo justificada, assim, sua importância.

[9] Eppel, Michael. A People Without a State – The kurds from the rise of Islam to the dawn of nationalism. Austin: University of Texas Press, 2016.

[10] Özdemir, Adil. Relationship between Petroleum and Iodine in Southeastern Anatolia Basin. Bulletin of The Mineral Research and Exploration. Bull. Min. Res. Exp. (2019) 159: 145-183

[11] Meho, Lokman I. The Kurds and Kurdistan: a selective and annotated bibliography. Westport: Greenwood Press, 1997.

[12] Saladino foi um sultão de origem curda que liderou os muçulmanos contra os cristãos durante as últimas cruzadas, reconquistando territórios perdidos pelo Islã, transformando em um líder para os curdos e para todos os muçulmanos da época.

[13] Gunes, Cengiz. **The Kurds in a New Middle East. The Changing Geopolitics of a Regional Conflict**. London: Palgrave Macmillan, 2019.

ter se convertido ao islamismo no ano de 637. Apesar disso, é de suprema relevância observar o fato desse povo não possuir origem árabe e ter se convertido ao islamismo tardiamente, mas que, ainda assim, mantém um alto índice liberal, respeitando as mais diferentes religiões em seus integrantes presentes[14].

Achados arqueológicos documentam que alguns dos primeiros passos da humanidade em direção ao desenvolvimento da agricultura, domesticação de animais, de tecnologia doméstica, metalurgia e urbanização aconteceram na região chamada de Curdistão e datam de até doze mil anos atrás.

Pela sua posição privilegiada, o território curdo sempre objeto de muita disputa por todos os grandes impérios, sendo que, aos poucos, os impérios curdos do Ocidente foram sendo absorvidos pelo Império Romano, enquanto os impérios do Oriente sobreviveram até a ocupação persa, datada em 380. Entretanto, os pequenos principados curdos nas montanhas, denominados de *Kotyar*, permaneceram com sua autonomia até o século VII, quando foram islamizados pelos árabes, a lembrar que, antes da conversão, eram adeptos da Zaratustra, contando com importantes comunidades cristãs e judaicas, paralelamente[15]. Na região que hoje abrange a Turquia, os principados curdos sobreviveram e continuaram com sua existência a datar até o século XVII.

Em 1514, sobreveio a ratificação de um Pacto turco-curdo, reconhecendo aos últimos uma larga autonomia na gestão de seus negócios, tendo, como contrapartida, o estabelecimento de uma aliança militar com o sultão turco contra os persas, em caso de guerra entre os Impérios Otomano e Persa[16].

Acontece que, a partir daí, a nação curda veio a sucumbir, sendo que, já a partir do século XVI, grandes porções do Curdistão foram sendo sistematicamente devastadas e o êxodo do povo curdo aos mais longínquos cantos do Império Otomano tornou-se uma realidade[17]. Nesse período, os curdos foram massacrados e destruídos, contribuindo, assim, para o

---

[14] ROMANO, David; GURSES, Mehmet. **Conflict, Democratization, and the Kurds in the Middle East**. London: Palgrave Macmillan, 2014.
[15] MCDOWALL, David. A Modern History of the Kurds. London: I.B. Tauris, 2007.
[16] HEPER, Metin. **The State and Kurds in Turkey – the question of assimilation**. London: Palgrave Macmillan, 2007.
[17] EPPEL, Michael. **A People Without a State – The kurds from the rise of Islam to the dawn of nationalism**. Austin: University of Texas Press, 2016.

desenvolver do sentimento nacionalista, cujo qual reivindicava a criação de um Estado curdo.

Em 1750, surgiu, pela última vez, um reino curdo denominado *Zand*. Mas, já em 1867, os últimos principados curdos foram erradicados pelos Impérios Otomano e Persa, que mantiveram o Curdistão em seu próprio poder.

Avalia-se que, apesar de toda situação crítica que já estava construída, fora com o fim da Primeira Guerra Mundial que os problemas para com o povo curdo vieram a se intensificar[18].

Fora neste período histórico que se assistiu o colapso do Império Otomano e, em consequência, a assinatura do Tratado de Sèvres[19], em 1920.

O Tratado de Sèvres foi anexado ao Tratado de Versailles, vindo a tratar sobre a questão das fronteiras do Oriente Próximo. Reconheceu aos curdos o direito de criar um Estado do Curdistão, que abrangia grandes porções da Síria, Turquia e Iraque. Nesse sentido, garantiu ao povo curdo o estabelecimento de um Estado autônomo em um futuro recente, o qual não veio a se desenvolver devido à resistência turca, liderada por Mustafá 'Kemal' Ataturk, considerado *o pai dos turcos*, uma vez que separou a religião do governo (tornou a Turquia um Estado laico) e não permitiu a dissolução de parte do território turco para a formação do Estado do Curdistão[20].

Ainda na mesma conjuntura, adveio o surgimento de uma província curda autônoma (Curdistão Vermelho) no Azerbaijão soviético, mas que foi dissolvido em 1929[21].

---

[18] *After the elimination of the autonomous Kurdish Emirate of Ardalan in 1867, the Iranian authorities established an administrative area called Kurdistan south of Lake Urmia. The use of the geographical-administrative signifier had no national significance, but its very usage helped to preserve the reference to Kurdistan as a geographical area. The Ottoman Empire, in spite of its negative attitude toward any Kurdish national consciousness – as well as toward Armenia and Arab ones – had not yet developed the national – its sensitivity of the post-World War I Turkish nation-state, which sought to eliminate not only Kurdish nationalism but also the geographical concept of Kurdistan.* EPPEL, Michael. **A People Without a State – The kurds from the rise of Islam to the dawn of nationalism**. Austin: University of Texas Press, 2016. p. 10.

[19] Assinado em 10 de agosto de 1920. Obrigava a Turquia, além de conceder autonomia ao Curdistão, a ceder grandes porções territoriais à Grécia, Egito, Síria, Arábia e Palestina, além de ter que reconhecer a independência à Armênia.

[20] HEPER, Metin. **The State and Kurds in Turkey – the question of assimilation**. London: Palgrave Macmillan, 2007.

[21] *In 1920, this region became part of the Azerbaijan Soviet Socialist Republic. On May 23, 1923, the area was given the status of an autonomous district (Uyezd) within Azerbaijan and was named Red Kurdistan.*

Estabelece-se que, numa realidade onde não se demonstrou possível a criação de um Estado curdo devido à resistência militar turca, a descoberta de ricas jazidas de petróleo na região e o temor da influência da Revolução Russa motivaram o surgimento de um novo arranjo geopolítico, sendo que o Tratado de Sèvres veio a ser substituído, em 1923, pelo Tratado de Lausanne[22], segundo o qual descartava por completo a criação de um Estado curdo, desencadeando uma feroz repressão na Turquia, onde até o idioma desse povo veio a ser proibido[23]. Nesse tratado, chega-se à completa consagração da independência turca e a divisão total do Curdistão entre a Turquia, o Iraque, o Irã, a Síria, o Azerbaijão e a Armênia.

Em tempos mais recentes, com o final da Segunda Guerra Mundial, e com a consequente criação das Nações Unidas, os curdos vieram, mais uma vez, reclamarem seus direitos, tendo em vista a pequena esperança que havia com a criação de tal organização. O problema que veio a ocorrer é que parece, aos olhos dos reais necessitados, que tal organização viera a se preocupar com outras situações, deixando a questão curda sem qualquer direção e sem o próprio auxílio básico nos mais diferentes assuntos.

Fora também no período pós-Segunda Guerra Mundial que os curdos, viventes no Irã, recuperaram terreno e força militar. Em fins de 1945, haviam libertado amplos territórios. Quando o exército vermelho penetrou ao norte do Irã, a resistência curda declarou, em janeiro de 1946, a República de Mahabad, com um modelo influenciado pelo socialismo e apoiado pelos soviéticos[24]. Mas a república só durou 11 meses, pois, pressionada pelos Estados Unidos, a ex-URSS decidiu abandonar o seu apoio,

---

However, other Kurdish areas did not receive a national circle and were not allowed to join the Red Kurdistan. The official language of Red Kurdistan was Kurmanji and its administrative center was Laçın. According to the census in Soviet Union in 1926, 51,200 people lived in the Red Kurdistan, including 37,470 (73.1%) Kurds, 13,520 (26.3%) Azerbaijani and 256 (0.5%) Armenians. KURDISHPEOPLE. ORG. **Red Kurdistan**. Disponível em: https://kurdishpeople.org/red-kurdistan/. Acesso em: 05 de maio de 2021.

[22] Tratado assinado em 24 de julho de 1923, entre a Turquia e os aliados da Primeira Grande Guerra Mundial. Eliminou as obrigações que a Turquia tinha para com os curdos. Montgomery, A. E. **The Making of the Treaty of Sevres of 10 August 1920**. *The Historical Journal* 15, no. 4 (1972): 775-87. Disponível em: http://www.jstor.org/stable/2638042. Acesso em: 5 de junho de 2021.

[23] Çiçek, Cuma. **The Kurds of Turkey – National, Religious and Economic Identities**. London: I.B. Tauris, 2017.

[24] McDowall, David. **A Modern History of the Kurds**. London: I.B. Tauris, 2007.

seguindo-se pela Guerra Fria muito prejudicial aos curdos, uma vez que ocupavam uma zona estratégica de vital importância no xadrez geopolítico mundial[25].

Assim sendo, em um cenário de crescente discriminação, preconceito e desrespeito aos direitos humanos, em 1978, foi fundado o Partido dos Trabalhadores Curdos (PKK)[26] na Turquia, que logo se transformou na maior organização política e militar curda, atuando em todos os países que essa população se faz presente. Tal partido fora fundado por Abdullah Ocalan, desenvolvendo os princípios e ideais da organização, sendo está o maior meio reivindicatório dos curdos[27].

Outra questão que deve ser abordada é o caso do Irã, cujo qual encontra-se sob a égide de um regime teocrático, movido pelo islamismo. Nessa linha, argumenta-se que, apensar da maioria curda ser seguidora de tal religião, ainda assim, no interior de tal etnia, existe uma certa liberdade religiosa já consolidada, o que acarreta uma discriminação naquele Estado[28] – agora, não apenas pela sua etnia, mas sim pela própria forma de encarar os preceitos do Alcorão.

Estima-se que a variedade e a intensidade da discriminação que os curdos enfrentam na região que uma vez fora seu país muda de Estado para Estado. Mesmo assim, é certo que em todos esses Estados os curdos já enfrentaram uma intensa política de assimilação, de deportação, de dispersão, de eliminação sistemática de suas elites intelectuais dissidentes, além de já terem sofrido com programas de limpeza étnica – conhecidos como "arabização[29]" ou "turconificação[30]" –, acompa-

---

[25] McDowall, David. **A Modern History of the Kurds.** London: I.B. Tauris, 2007.

[26] Faz-se importante lembrar que o PKK não fora o único que surgiu para dar suporte às reivindicações curdas, mas sim o mais expressivo. Como exemplo, podem ser citados, ainda, o Partido Democrático do Curdistão (PDK) e o Partido Patriota Democrático do Curdistão (PPDK).

[27] Marcus, Aliza. **Blood and Believe: the PKK and the Kurdish Fight for Independence.** New York: NYU Press, 2009.

[28] Yildiz, Kerim; Taysi, Tanyel B. **The Kurds in Iran: The Past, Present and Future.** London: Pluto Press, 2007.

[29] Apesar de não ter sido encontrada uma definição que abranja todas as imposições culturais árabes sobre outros povos, pode-se entender tal processo como a imposição em povos declaradamente não-árabes, de valores culturais, sociais, políticos e religiosos árabes.

[30] Tal termo surgiu para abarcar todas as imposições culturais, sócias, políticas e religiosas do povo turco sob outros povos que possuíam outras características.

nhados de assassinatos em massas, proibição da cultura e da língua curda, genocídios, crimes contra a humanidade, assassinatos extrajudiciais, torturas e outras tantas formas de abusos a normas internacionais.

Importante relatar que a etnia curda se encontra presente em praticamente todos os continentes globais[31]. Ocorre que é nos países que contam com porções de terras que certa vez constituíram o Curdistão, que a situação se encontra de forma mais drástica, não havendo sequer a observância do direito a sua existência.

Tendo em vista esse panorama, o que se pode esperar é que o futuro dos curdos seja, ao menos um pouco mais justo, levando em conta todo o sofrimento e humilhação que este povo já passou[32]. Aos olhos daqueles que têm por ideal o respeito aos direitos humanos, o relato histórico do povo curdo nada mais é do que um apelo para que todos os povos do mundo garantam aos curdos um futuro mais justo e digno.

Assim sendo, para uma melhor compreensão e para a busca de possíveis soluções ao tema, faz-se por necessário analisar, de maneira pontual e sucinta, o desenrolar da vida da etnia curda em cada um dos países que anexaram porções territoriais do antigo Estado do Curdistão, sendo eles: Turquia, Iraque, Irã, Síria, Armênia e Azerbaijão.

1.1.1. Curdos na Turquia

Inicia-se a análise dos curdos que na Turquia se encontram devido ao seu grande contingente populacional: segundo dados não-oficiais (2016), 20 milhões de curdos encontram-se na Turquia, correspondendo a 25% do total da população daquele Estado[33].

A primeira aparição curda na Turquia é datada em 3.000 a.C. Hoje, examina-se que a população curda se encontra em 23 departamentos do Estado turco, especificamente em sua região oriental e no sul da Anatólia (correspondendo a 230.000 km²). Não obstante, grandes comunidades

---

[31] GUNTER, Michael M. *Routledge Handbook on the Kurds*, New York: Routledge, 2019.
[32] KURDISH HUMAN RIGHTS PROJECT. **The Kurds**: a background. 2005. Disponível em: <http://www.khrp.org/AnnualReports/annual05/kurdsabackground.htm>. Acesso em: 20 de março de 2021.
[33] FONDATION INSTITUT KURDE DE PARIS. *The Kurdish Population*. Disponível em: https://www.institutkurde.org/en/info/the-kurdish-population-1232551004. Acesso em: 23 de maio de 2021.

curdas encontram-se, também, nas metrópoles turcas, tais como Istambul, Izmir, Ancara, Adana e Mersin[34].

Examina-se que o tratamento despedido pelo governo turco para com a etnia curda, desde o desmembramento do Império Otomano – com a consequente formação do Estado da Turquia –, até os dias atuais é motivo de constantes críticas internacionais.

Novamente, aqui se faz pertinente mencionar que fora com o Tratado de Lausanne, em 1923, logo após a Primeira Guerra Mundial, que o Estado turco incorporou ao seu território uma faixa territorial que compunha o antigo Estado do Curdistão. Assim, como consequência, juntaram-se aos nacionais turcos, a existência de outros cidadãos: os curdos. Infelizmente, a existência curda em territórios turcos, desde o princípio, deu-se de maneira extremamente violenta. Prova disso são os acontecimentos ocorridos logo após a instalação da República Turca, em 1924, proibindo-se qualquer manifestação que tivesse relação com o povo curdo, ocorrendo até a negação de sua existência e qualquer traço cultural ou político curdo fora reprimido pelas leis turcas[35].

Mesmo antes da ratificação turca do Tratado de Lausanne, em 1923, uma grande rebelião se desenvolveu. Essa rebelião, que ficou conhecida como Rebelião de Korçkiri, ocorrera em 1920, quando então uma militância curda reivindicava uma administração autônoma. A rebelião falhou, mas levou o debate à Assembleia Nacional da Turquia, a qual eliminou qualquer pretensão de autonomia dos curdos com a ratificação ao tratado acima mencionado[36].

Mas, mesmo já possuindo razões mais do que suficientes para reivindicar seus direitos, foi com a ascensão de Mustafá 'Kemal' Ataturk ("Pai dos Turcos") ao governo de Ancara que os curdos vieram a sofrer a maior opressão de sua história na Turquia. Ainda que, em princípio, os curdos tivessem seus representantes na Assembleia Nacional, Ataturk alterou a política, deixando de necessitar das tribos curdas para expulsar, de seu

---

[34] FONDATION INSTITUT KURDE DE PARIS. *The Kurdish Population*. Disponível em: https://www.institutkurde.org/en/info/the-kurdish-population-1232551004. Acesso em: 23 de maio de 2021.

[35] NATALI, Denise. *The Kurds and the state: evolving national identity in Iraq, Turkey, and Iran*. New York: Syracuse University Press, 2005.

[36] ÇIFÇI. Deniz. *The Kurds and the Politics of Turkey: Agency, Territory and Religion*. London: I.B. Tauris, 20219.

território, as potências Ocidentais – ingleses, franceses, italianos e gregos –, as quais ali se encontravam devido à localidade ter uma posição estratégica para os confrontos que tomaram lugar na Primeira Guerra Mundial[37]. A partir daí, os curdos se converteram em uma ameaça para o nacionalismo turco. Uma vez que a República turca adotou a ideologia oficial de uma só língua, uma só cultura e uma só nação, começaram a destruir todos os documentos que figurassem as palavras "curdo" e "Curdistão".

Consecutivamente, os curdos não tardaram em reivindicar seus direitos em diversas rebeliões: entre os anos de 1925 a 1938, os conflitos, banhados em sangue, sucederam-se um após o outro. Como exemplo de tais conflitos, tem-se a Rebelião de Agiri, ocorrida entre os anos de 1927 a 1930. Em tal conflito, os curdos declararam sua independência do Estado turco, intitulando seu novo estado de República de Ararat. O comandante das forças curdas nessa rebelião fora Celali. Durante esse conflito, a força aérea turca bombardeou várias tribos e vilarejos curdos. A campanha contra os curdos que dessa rebelião participaram chegou ao final em 17 de setembro de 1930, acarretando a morte de milhares de curdos[38].

A última grande batalha da época fora a de Dersim (1936-1938), deixando 50.000 mortos. A assimilação cultural imposta pelos turcos atingiu graus impensáveis de brutalidade humana: a população das zonas de conflitos foi obrigada, através de lei, a deixar suas terras e emigrar aos centros de Anatólia; os nomes curdos foram substituídos por outros novos que deveriam ter, como referência, a língua turca – os nomes e a língua materna curda acabaram por ficarem condenadas a sobreviver por trás dos muros das casas, onde o Estado não foi capaz de alcançar[39].

Com o passar dos tempos, e sem qualquer melhoria das condições de vida dos curdos turcos, fora fundado, em 1978, o Partido dos Trabalhadores do Curdistão (PKK)[40], vindo a representar a maior força de reivindicação curda na Turquia. Essa instituição é considerada ilegal, ainda hoje, pelo governo turco.

---

[37] Özcan, Ali Kemal. *Turkey's Kurds. A theoretical analysis of the PKK and Abdullah Öcalan*. New York: Routlege, 2006.
[38] Olson, Robert. *The Emergence of Kurdish Nationalism and the Sheikh Said Rebellion, 1880-1925*. Austin: University of Texas Press, 1989.
[39] Eppel, Michael. *A People Without a State – The kurds from the rise of Islam to the dawn of nationalism*. Austin: University of Texas Press, 2016.
[40] White, Paul. *The PKK: Coming Down from the Mountains*. London: Zed Books, 2015.

Tal organização, na mesma data acima citada, declarou guerra à Turquia e, como resposta do governo turco, adotou-se a política da "terra queimada", ou seja, destruíram-se todos os vilarejos curdos, tendo como argumento o extermínio das zonas em que tal partido exercia influência, uma vez que era considerado uma organização terrorista pelos próprios turcos. Exprime-se que as consequências desse conflito entre o governo de Ancara e os curdos de tal instituição foram dramáticas: perto de 4.000 aldeias curdas foram destruídas; grandes superfícies de florestas foram queimadas; mais de 3.000 pessoas foram registradas como desaparecidas; milhões de refugiados; e 10.000 curdos, considerados como terroristas, foram presos pelo exército turco[41]. As maiores metrópoles turcas receberam grandes contingentes de exilados procedentes das províncias curdas e formaram, nesses centros urbanos, grandes bolsões de miséria e pobreza, não tendo sequer o reconhecimento de sua cidadania e nem qualquer ajuda governamental[42].

Demonstra-se que, apesar de todo esse quadro de imposições e violações turcas em relação à população curda, desde 1984, os curdos têm resistido à assimilação de tais valores, sendo que os movimentos de resistências incluem tanto políticas de paz para obtenção de direitos civis básicos, como também rebeliões armadas e violentas com o intuito separatista[43]. Como resposta a essas ações, a Turquia veio a utilizar, em pelo menos 29 ocasiões, armas químicas contra os redutos curdos nas montanhas do país, na tentativa de exterminar qualquer movimento curdo, considerados como atos terroristas contra integridade da nação turca[44]. Mas a Turquia mostrava-se uma importante aliada estadunidense, não veio sofrer qualquer sanção em foros internacionais.

---

[41] ÖZCAN, Ali Kemal. *Turkey's Kurds. A theoretical analysis of the PKK and Abdullah Öcalan*. New York: Routlege, 2006.

[42] SIRKECI, Ibrahim. *Exploring the Kurdish Population in the Turkish Context*. Genus 56, no. 1/2 (2000): 149-75. Disponível em: http://www.jstor.org/stable/29788634. Acesso em: 6 de abril de 2021.

[43] HEPER, Metin. The State and Kurds in Turkey – the question of assimilation. London: Palgrave Macmillan, 2007.

[44] KURJIAKA, Kristina M. The Iraqi Use of Chemical Weapons Against the Kurds: A Case Study in the Regulation of Chemical Weapons in International Law. *Penn State International Law Review*: Vol. 9: No. 1, Article 6, 1991. Disponível em: http://elibrary.law.psu.edu/psilr/vol9/iss1/6. Acesso em: 09 de março de 2021.

Entre os anos de 1984 até 1991, os turcos persistiram sua política contra os curdos, não lhes reconhecendo uma vida digna, não lhes proporcionando quaisquer direitos. Em 1988, após a Síria expulsar o líder rebelde curdo – principal componente do Partido dos Trabalhadores Curdos –, Abdullah Ocalan[45], a Turquia, que estava a um passo de declarar guerra à Síria por outros motivos, mudou seu discurso e começou a caminhar lado a lado com a política de Damasco, uma vez que ambos os países pretendiam repreender qualquer manifestação curda[46].

Especifica-se que, em 1991, apesar de todas as manifestações contra o povo curdo turco, houve um breve período de respeito a tal minoria. Isso se demonstra durante a presidência de Turgut Özal, um turco com antepassados curdos que permitiu o uso da língua curda em territórios turcos. Apesar da tentativa, o povo turco repreendeu de uma maneira tão intensa tal atitude que o líder governamental reviu sua decisão e proibiu-a novamente[47].

Mesmo com tantos acontecimentos, até 1991, a questão curda na Turquia não era veiculada em âmbito internacional, Tal situação veio a ser internacionalizada com a Guerra do Golfo (1991), ocorrida entre Kuwait e Iraque. Apesar da Turquia não ter se envolvido diretamente, as consequências dessa guerra afetaram-lhe. Precisa-se que, após a derrota do Iraque para a coalizão liderada pelos Estados Unidos, em fins de fevereiro de 1991, a minoria curda do Iraque, que representava 15% da população de 19 milhões, revoltou-se contra o governo de Saddam Hussein (devido às atrocidades cometidas contra tal etnia) e, em decorrência, o exército iraquiano veio a lhes reprimir de maneira drástica, forçando um êxodo em massa de quase todos os curdos do norte do Iraque para a Turquia e Irã[48]. Assim, incapaz de lidar com os refugiados, os quais totalizavam 500.000, a Turquia fechou suas fronteiras e impediu que mais de 500 mil curdos se

---

[45] *Corresponding with Weber's general conceptualization of 'authority' and 'charisma', the 'charismatic authority' operating in the persona of Abdullah Öcalan in the PKK is an easily acknowledgeable phenomenon (...).* ÖZCAN, Ali Kemal. Turkey's Kurds. A theoretical analysis of the PKK and Abdullah Öcalan. New York: Routlege, 2006. p. 193.

[46] EPPEL, Michael. ***A People Without a State – The kurds from the rise of Islam to the dawn of nationalism.*** Austin: University of Texas Press, 2016.

[47] ÖZCAN, Ali Kemal. ***Turkey's Kurds. A theoretical analysis of the PKK and Abdullah Öcalan.*** New York: Routlege, 2006.

[48] MUNRO, Alan. ***Arab Storm: Politics and Diplomacy Behind the Gulf War.*** London: I.B. Tauris, 2006.

refugiassem no país, forçando-lhes a permanecer nos campos provisórios. Com isso, a crise humanitária e a repercussão internacional acrescentaram um dilema para o Estado turco, relutando na absorção de milhares de refugiados curdos e, ainda, mostrando-se uma posição contrária à criação de campos permanentes de refugiados, acreditando que estes seriam focos de movimentos nacionalistas. Dessa forma, os turcos acreditaram que a melhor solução seria o retorno dos curdos ao Iraque, criando-se, assim, uma zona autônoma, com a segurança realizada pelos países ocidentais, permitindo-se, pelo próprio Estado turco a utilização, por estes mesmos países ocidentais, da base de Incirlik para voos de reconhecimento sobre a zona de proteção[49].

Mas, com receio dos curdos virem a reivindicar a recriação de seu Estado – o que acarretaria a perda de uma extensão territorial pelo governo turco –, a Turquia opôs-se, a princípio, à criação de um governo curdo autônomo no norte do Iraque. Após investigar as afirmações de líderes curdos iraquianos, os quais relatavam que um governo autônomo não significava a independência dos curdos, mas sim que cooperaria com todos os grupos de oposição iraquiana para criar uma alternativa democrática ao regime de Saddam Hussein, então o governo de Ancara acabou por ceder à criação[50].

Mesmo com seu próprio consentimento para criação de uma faixa territorial autônoma no Iraque, o governo turco, ainda hoje, descarta qualquer possibilidade de seguir os mesmos passos do Iraque e ceder uma relativa autonomia aos curdos turcos.

---

[49] *The erosion in the American policy started in the 1991 Gulf War when it decided to establish a "safe haven" region for the Kurds from which then emerged the Kurdish autonomy in Iraq. From that time onwards, the United States became enmeshed in the Kurdish issue in Iraq, prioritizing this time the ethnonational group over the Bathi Iraqi state with which it was in a state of war. However, the main turning point in the American policy toward the Kurds took place in the aftermath of the 2003 Iraqi War in which the Kurds played a pivotal role in the liberation/occupation of Iraq. The Kurds were rewarded by having been granted a leading role in the formation of post-Saddam Iraq as well as with the entrenchment of their autonomy. This American policy toward the Kurds conflicted with its two other concepts, namely preserving the integrity of the nation-state and assuaging Ankara's fears regarding the spillover effects of the Kurdish autonomy in Iraq on the Kurds in Turkey. Accordingly, in a policy of eating the cake and having it too the United States continued to advocate the integrity of Iraq while further empowering the KRG, as well as playing the pacifier between the KRG and Turkey.* ROMANO, David; GURSES, Mehmet. **Conflict, Democratization, and the Kurds in the Middle East**. London: Palgrave Macmillan, 2014. p. 277.

[50] ÖZCAN, Ali Kemal. **Turkey's Kurds. A theoretical analysis of the PKK and Abdullah Öcalan**. New York: Routlege, 2006.

O que se observa, a partir do exame das atitudes turcas, é que a resistência curda no país, liderada, sobretudo, pelo PKK, tem aumentado nos últimos anos, tanto no campo político-militar, como na defesa dos costumes e tradições da etnia, representando, tais divergências, um grave motivo da instabilidade em toda a região. Sublinha-se que a Turquia tentou alcançar os mesmos objetivos, no que diz respeito à população curda, de Saddam Hussein: destruir o Partido dos Trabalhadores Curdos[51].

Traça-se, ainda, que a política utilizada pelos turcos tem feito, ao longo dos tempos, que as forças políticas curdas venham desaparecendo, sendo que muitos líderes foram presos ou exilados. Além disso, a tortura de presos políticos curdos é largamente difundida, tendo sido denunciada por várias organizações internacionais de direitos humanos[52].

Esse quadro incitou uma guerra aberta, desde 1984 até 2000, entre os militares turcos e os integrantes do PKK, fazendo com que milhares de curdos tivessem que se transferirem aos locais de defesa, tais como as cidades de Diyaybakir, Van e Sirnak. As causas dessa retirada incluem atrocidades

---

[51] HEPER, Metin. **The State and Kurds in Turkey – the question of assimilation**. London: Palgrave Macmillan, 2007.

[52] *Human Rights Watch is concerned to report an increase in allegations of police torture or ill-treatment of detainees, including children, in southeast Turkey over the past nine months, and over the past five years a pattern of widespread police ill-treatment of demonstrators and excessive use of force to disperse protests. The breakdown in 2015 of the government-initiated peace process with Abdullah Öcalan, the imprisoned leader of the armed Kurdistan Workers' Party (PKK), has been accompanied by an increase in violent attacks, armed clashes, and serious human rights violations since summer 2015. The latter includes violations of the right to life and mass displacement of residents in eight southeastern towns where the security forces and PKK-affiliated youth groups have engaged in armed clashes, as well as denial of access to basic services including healthcare, food and education for residents placed under blanket curfew conditions for extended periods and in some cases months at a time. The past eight months have seen hundreds of security personnel, Kurdish armed fighters and civilians killed, with almost no government acknowledgement of the civilian death toll estimated at between 200 and 300 in this period. The renewed violence has provided the context too for numerous arrests of political activists and alleged armed youth on terrorism charges and ill-treatment of detainees. The increase in allegations of ill-treatment and torture of detainees includes reports of ill-treatment at the moment of apprehension as well as in transit to and in formal places of detention. The increase in reports mainly concern individuals detained during or after security operations against PKK-affiliated groups or following armed clashes. In August 2015, Human Rights Watch documented allegations of police repeatedly beating, humiliating and issuing death threats to detainees in Silopi, a town in the southeastern Şırnak province, and Silvan, a town in Diyarbakir province.* HUMAN RIGHTS WATCH. **UN Committee against Torture: Review of Turkey**. Disponível: https://www.hrw.org/news/2016/04/22/un-committee-against-torture-review-turkey. Acesso em: 4 de abril de 2021.

cometidas por certas facções do PKK nas vilas curdas que não conseguiram controlar, pela pobreza da localidade que habitavam e pelas operações militares turcas. Aproximadamente 3.000 vilas curdas turcas foram retiradas do mapa, acarretando 378.000 curdos desabrigados e desamparados pelo governo turco[53].

Nesse período de incontáveis choques entre a militância turca e curda, uma política curda foi eleita ao Parlamento Turco. Leyla Zana foi a primeira mulher curda eleita, em 1994, mas, logo em seu discurso de posse no Parlamento Turco, foi condenada a 15 anos de prisão por seu discurso ter sido considerado separatista, segundo o qual assim exprimia: "(...) eu irei me esforçar para que os curdos e os turcos possam viver juntos numa estrutura democrática"[54]. Tal pena incitou ainda mais as guerrilhas entre os curdos e os turcos.

Após terem sido sintetizados todos esses acontecimentos, importante vem a ser analisar quais foram as implicações na relação entre curdos e turcos advinda de toda a mudança na conjuntura geopolítica mundial.

Com o desenrolar da Guerra do Iraque, iniciada em 2003, os Estados Unidos estão em um grande empasse: seus dois maiores aliados, os curdos e a Turquia, vivem em uma constante guerra civil, sem qualquer possibilidade visível de paz.

Em sequência, tal questão mostrou-se um desafio aos próprios turcos, tendo em vista que, enquanto não solucionarem seus problemas internos, especialmente com a minoria curda, o Ocidente não lhe verá com bons olhos e, consequentemente, não lhe será aberta a porta para adentrar à tão sonhada União Europeia[55].

---

[53] ROMANO, David; GURSES, Mehmet. *Conflict, Democratization, and the Kurds in the Middle East*. London: Palgrave Macmillan, 2014.

[54] *Leyla Zana is a Kurdish human rights activist, politician and former political prisoner. An outspoken advocate for Kurdish people in Turkey and neighboring regions, Zana became the first Kurdish woman elected to the Turkish parliament in 1991. In 1994, she was arrested and sentenced to 15 years in prison for speaking Kurdish on the parliamentary floor, and Amnesty International declared Zana a prisoner of conscience. She received the Rafto Prize in 1994, and the Sakharov Prize for Freedom of Thought from the European Union in 1995.* HUMAN RIGHTS FOUNDATION. **Leyla Zana**. Disponível em: https://hrf.org/speakers/leyla-zana/. Acesso em: 06 de março de 2021.

[55] A questão da entrada da Turquia à União Europeia é controversa entre os países que já a integram. Aqueles que são contra a sua entrada, tal como França e Alemanha, acreditam que a entrada desse país poderia provocar várias emigrações de refugiados e, mais seriamente, terroristas para solos europeus ocidentais.

Estima-se que a Turquia se encontra em uma situação delicada, sendo que qualquer atitude pode vir a lhe acarretar aliados e inimigos com interesses diversos: se superar a questão curda e chegar a um mútuo acordo, exterminando qualquer violação dos direitos humanos, então boa maior parte do mundo Ocidental tenderá a se conscientizar que este país merece ser aceito na União Europeia e, de forma mais intensa, ao mercado Ocidental. Mas se optar por continuar com uma postura radical em face dos curdos, negando até mesmo o diálogo para com essa minoria, provavelmente, então, seus aliados serão outros países que adotam a mesma postura frente a essa etnia, tais como Irã, Síria e Iraque[56].

Dessa maneira, ainda que tal argumentação, hoje, soe uma utopia, prospecta-se que, pelas pressões internacionais e até mesmo internas – as quais objetivam, inicialmente, que a Turquia se torne cada vez mais uma aliada dos Estados Unidos, o que facilitaria a sua entrada na União Europeia –, o Estado turco venha aprimorar, cada dia mais, seu debate com os curdos, fazendo com que seus direitos humanos sejam alcançados em um futuro próximo. Neste momento, a situação está muito aquém de ser considerada ideal e daquilo que o regime internacional dos direitos humanos espera, mas, após tantos choques ideológicos entre curdos e turcos, deve-se dizer que a situação terá, inegavelmente, que convergir-se a uma única política turca, qual seja: o pagamento da dívida histórica para com o respeito dos direitos curdos que no território do Estado da Turquia se encontram.

1.1.2. Curdos no Iraque

Os curdos, que no Iraque habitam, correspondem de 15 a 20% da população iraquiana[57]. Em termos numéricos, em 2017, estimavam-se em 8.4 milhões de pessoas. A minoria acaba por ocupar a região montanhosa ao norte do território e guarda uma das mais complexas histórias de minorias étnicas naquela região.

Recorda-se o fato que o antigo Estado do Curdistão ocupava extensas faixas de terras que hoje compõem o Iraque e, consequentemente, muitos seres que se encontravam sob a égide do Estado curdo se viram, após o seu desmembramento, sob as leis iraquianas.

---

[56] YILDIZ, Kerim. *The Kurds in Turkey: EU Accession and Human Rights*. London: Pluto Press, 2005.
[57] IRAQ – KURDS. Minotiry Rights Group International. Disponível em: https://minorityrights.org/minorities/kurds-3/. Acesso em: 16 de abril de 2021.

A porção que compunha o sul do Curdistão – e hoje integra o norte do Iraque – é uma região montanhosa e possui vários reservatórios naturais petrolíferos, cujos quais, ao longo dos anos, foram objeto de regulares disputas sobre seus recursos e exploração. De fato, tal potencialidade da região despertou extremo interesse por parte do governo iraquiano.[58]

Ocorre que, quando se deu a anexação de tal faixa territorial, os curdos que ali habitavam ficaram desamparados, uma vez que o governo iraquiano e todos os seus nacionais iniciaram uma onda de preconceitos e discriminações para com essa etnia que, até hoje, surtem efeitos.

Tendo em vista todo o complexo emaranhado histórico de acontecimentos que repercutem em latentes e constantes violações aos direitos humanos dos curdos em território iraniano – como por exemplo, o não reconhecimento de seu direito à terra, o não reconhecimento de sua nacionalidade, dentre outros –, passa-se, neste momento, ao exame do breve entrecho histórico que servirá como base à busca de uma possível solução do caso repercute em violações aos direitos humanos dos curdos iraquianos, em jurídica para a questão curda no Iraque.

Um primeiro momento crucial fora a Primeira Guerra Mundial, com a consequente derrota do Império Otomano, prometeu-se aos curdos a reconstituição de seu Estado independente. Então, em agosto de 1920, assinou-se o Tratado de Sèvres[59]. Ainda que tal documento repousasse, em termos gerais, no acordo de paz entre as forças Aliadas e o Império Otomano, também se previu uma inteira seção (*Section III*), com três artigos (arts. 62, 63 e 64) apenas para destacar a regulamentação do então chamado Curdistão.[60]

Neste sentido, o artigo que importa, efetivamente em relação à questão curda no Iraque, é o art. 62 do documento em referência, possibilitando, em termos gerais, a possibilidade de independência a partir do estabelecimento de autonomia predominantemente estabelecida na área do Curdistão (que também se encontrava presente no território do hoje designado Iraque).[61]

---

[58] YILDIZ, Kerim. *The Kurds in Iraq – The Past, Present and Future*. London: Pluto Press, 2004.
[59] TRATADO DE SÈVRES (1920). **Derecho Internacional**. Disponível em: https://www.dipublico.org/3680/tratado-de-sevres-1920/. Acesso em: 04 de maio de 2021.
[60] GUNTER, Michael M. *The Kurds Ascending – The evolving solution to the Kurdish problem in Iraq and Turkey*. New York: Palgrave Macmillan, 2008.
[61] GUNTER, Michael M. *Historical Dictionary of the Kurds*. Lanham: The Scarecrow Press, 2009.

Após a derrota das forças gregas na guerra Greco – Turca (a qual seguiu a Primeira Grande Guerra, durante 1919 até 1922), foi assinado o Tratado de Lausanne, em 1923, favorecendo a Turquia. Em decorrência de tal documento, o mundo ocidental reconheceu a nova República da Turquia, sendo que o Curdistão que estava localizado em território turco fora incorporado naquele novo Estado. Igualmente, as áreas ao sul do então Curdistão, localizadas próximas à cidade de Mosul (hoje Iraque), inseriram-se sob a tutela do regime inglês[62].

Não mostrando qualquer interesse nas pretensões curdas, os ingleses criaram leis que oprimiram ainda mais esse povo, eliminando de vez qualquer pretensão de independência curda. Tais leis despertaram a ira dos curdos e, entre os anos de 1919 a 1922, Mahmud Barzanji[63], líder curdo muito influente, liderou duas revoltas contra os ingleses.

A primeira das revoltas lideradas por Barzanji começou em 22 de maio de 1919, com a prisão de oficiais britânicos, em Sulaimaniya, espalhando-se rapidamente entre as cidades de Mosul e Arbil, ambas localizadas em territórios iraquianos. Insatisfeitos com a situação, os ingleses mandaram Barzanji ao exílio, na Índia[64].

Com uma instabilidade crescente e com a ameaça turca, três anos mais tarde, em 1922, a Inglaterra achou por melhor estabelecer o poder nas mãos de Shaikh Mahmoud, esperando que esse fosse capaz de organizar os curdos contra o povo turco, o qual tinha pretensões territoriais na área em torno da cidade de Mosul[65].

Como única alternativa, Mahmoud declarou o Reino do Curdistão no norte iraquiano, tendo a região uma limitada autonomia em relação ao governo central. Mas essa autonomia logo foi suprimida em 1930, quando ocorrera a admissão do Iraque à Liga das Nações.[66]

---

[62] GUNTER, Michael M. *Historical Dictionary of the Kurds*. Lanham: The Scarecrow Press, 2009.
[63] *Sheikh Mahmud Barzanji was born in 1878 in Sulayimaniyah, Kurdistan Region of Iraq. During the British occupation of Iraq following the First World War, Sheikh Mahmud was appointed governor of Sulaymaniyah. The Kurds, however, were afraid of Britain ruling them indirectly by Arabs in Baghdad, and Sheikh Mahmud used his position to promote Kurdish independence and rebelled against the British in 1920*. SHEIKH MAHMUD BARZANJI. Washington Kurdish Institute. Disponível em: https://dckurd.org/2018/07/25/sheikh-mahmud-barzanji/. Acesso em: 02 de maio de 2021.
[64] YILDIZ, Kerim. *The Kurds in Iraq – The Past, Present and Future*. London: Pluto Press, 2004.
[65] GUNTER, Michael M. *The Kurds Ascending – The evolving solution to the Kurdish problem in Iraq and Turkey*. New York: Palgrave Macmillan, 2008.
[66] *The League of Nations' Covenant's preamble did not mention the past war, but highlighted that the High Contracting Parties agreed to this Covenant '[i]n order to promote international co-operation and*

Um ano mais tarde, em 1931, os curdos peticionaram à Liga das Nações requerendo a criação de um governo curdo independente no Iraque. Mas, sob pressão do governo iraquiano e britânico, o mais influente dos curdos nestas reivindicações, Mustafá Barzani, foi forçado a se retirar do país e se dirigir ao Irã.[67]

Em 1958, quando retornou do exílio, Barzani[68] criou seu próprio partido político curdo no Iraque – o *Kurdistan Democratic Party*[69] (KDP), cujo qual veio a ganhar *status* legal apenas no ano de 1960.[70]

Insatisfeito com a política iraquiana, Barzani vem, em 1961, liderar a primeira revolta declarada contra o governo iraquiano, objetivando, novamente, a autonomia curda. O governo de Baghdad tentou derrotar o movimento através do uso da força, mas, em 1966, acabou falhando, vindo a ser derrotado pelas forças de Barzani. Como consequência, o regime iraquiano, no mesmo ano, anunciou um programa de paz, mas que não veio a ser implementado.[71]

Com a pressão cada vez maior dos soviéticos para que os iraquianos encontrassem uma solução definitiva para os curdos de seu território, o governo de Baghdad propôs um novo plano de paz, em março de 1970, proporcionando uma relativa autonomia a esse povo. Mas, novamente, e

---

to achieve international peace and security'. The Council of the League, its most powerful organ, was to 'consist of the representatives of the Principal Allied and Associated Powers' as permanent members, hence of the victors of the war. That link to the Great War and the institutional set-up that resulted was one of the reasons for the lack of trust in the organization, and undermined its authority. FASSBENDER, Bardo; PETERS, Anne. **The Oxford Handbook of the History of International Law**. Oxford: Oxford University Press, 2012. p. 177

[67] ALI, Othman. **The Kurds and the Lausanne Peace Negotiations, 1922-23**. Middle Eastern Studies, vol. 33, no. 3, 1997, pp. 521–534.

[68] Interessante, neste momento, destacar a importância de Mullah Mustafa Barzani, até hoje, ao povo curdo: *On the wall of nearly every government office in Kurdistan, as well as on the wall of most homes, restaurants, and shops, is a photograph of Mullah Mustafa Barzani. He is the closest figure the Kurds have to a George Washington. The standard version of this photo shows "Mullah Mustafa," as the Kurds affectionately call him, dressed in khaki and gun belt, his dagger always visible, his fierce visage turned to the horizon as though contem- plating a Kurdistan of the imagination and the heart. This photo could be called "The Spirit of Kurdistan," for Mullah Mustafa is certainly the spirit who has inspired much of the Kurdish struggle in the last century.* (...) MANSFIEL, Stephen. **The Miracle of the Kurds –A Remarkable Story of Hope Reborn in Nothern Iraq**. Brentwood: Worthy Publishing, 2014. p. 41.

[69] **KURDISTAN DEMOCRATIC PARTY – IRAQ**. Disponível em: <http://www.kdp.se/>. Acesso em: 15 de abril 2021.

[70] VALI, Abbas. **Kurds and the State in Iran**. London: I.B. Tauris, 2011.

[71] GUNTER, Michael M. **Historical Dictionary of the Kurds**. Lanham: The Scarecrow Press, 2009.

dessa vez por motivos mais concretos, tal como o projeto de arabização que estava sendo desenvolvido em todo o mundo árabe, os curdos não gozaram da autonomia, ficando dependentes do governo central iraquiano e de toda sua força militar que, naquele momento, já começava a se destacar no Oriente Médio.[72]

Frente a seus reclames territoriais, os curdos ainda sofreram, em 1974, uma nova ofensiva advinda, novamente, do governo iraquiano, o qual objetivava eliminar a etnia de seu território, mandando-os para perto da fronteira com o Irã. O Iraque informou Tehran que essa era a única saída para acabar com os objetivos curdos em territórios iraquianos, acarretando uma divergência entre ambos os países. Para mediar a situação, fora nomeado Houari Boumédiènne, tendo sido encontrada uma solução pacífica em 1975: o Irã cortaria todos os auxílios aos movimentos curdos iraquianos se o governo de Baghdah não os retirassem de suas fronteiras. Tal acordou resultou na supressão de qualquer autonomia curda no norte do Iraque, em particular na cidade de Kirkuk.[73]

Combinados todos esses elementos, novamente, a força militar iraquiana se chocou com os militantes curdas, resultando, nos anos de 1978 e 1979, na destruição de 600 vilas curdas e na deportação de mais de 200.000 curdos[74]. Mas o maior massacre ocorrido em toda história curda ainda estava por vir.

Entre os anos de 1980 e 1988, desenrolou-se a guerra entre Iraque e Irã. No conflito, o Iraque exigiu que o Irã acabasse com o regime autônomo de minorias – sendo a curda uma delas.[75]

Traçado o contexto de conflito entre ambos os países, incluindo também todas as minorias que ali se encontravam, o regime do então ditador do Iraque, Saddam Hussein, através de uma campanha que ficou conhecida como *AL – ANFAL*[76], promoveu o maior genocídio histórico da população curda do Iraque. Comandado por Ali Hassan Al – Majid, em 29 de março de 1887 a 23 de abril de 1989, o exército iraquiano utilizou armas químicas

---

[72] GUNTER, Michael M. *The Kurds Ascending – The evolving solution to the Kurdish problem in Iraq and Turkey*. New York: Palgrave Macmillan, 2008.
[73] VALI, Abbas. *Kurds and the State in Iran*. London: I.B. Tauris, 2011.
[74] YILDIZ, Kerim. *The Kurds in Iraq – The Past, Present and Future*. London: Pluto Press, 2004.
[75] KARSH, Efraim. *The Iran-Iraq Qar, 1980 – 1988*. Oxford: Osprey Publishing, 2002.
[76] MIDDLE EAST WATCH REPORT, *Genocide in Iraq – Introduction*. Disponível em: https://www.hrw.org/reports/1993/iraqanfal/ANFALINT.htm. Acesso em: 06 de abril de 2021.

contra os curdos que habitavam o norte do país. Os números são traumáticos: 2.000 vilas foram destruídas, 50.000 curdos que moravam em regiões rurais foram massacrados e a maior cidade curda, Qala Dizeh, que contava, à época, om uma população de 70.000 habitantes, foi completamente destruída. Tal campanha também incluiu a arabização da cidade de Kirkuk e um programa para a retirada dos curdos das cidades ricas em petróleo. Números não oficiais apontam um número de 182.000 curdos mortos[77]

O pior dos massacres ocorrera na cidade de Halabja, em 18 de março de 1988.[78] A política de Saddam Hussein ordenou que essa localidade fosse vinte vezes bombardeada com gases mortais, tal como o mostarda, cianidro e o sarin, resultando na morte de 75% dos curdos que ali se encontravam e trazendo conseqüências físicas e psicológicas gravíssimas àqueles que conseguiram sobreviver. Esse episódio ficou conhecido como *Bloody Friday*[79] ("Sexta-Feira Sangrenta").

Todos esses tristes acontecimentos chocaram a sociedade internacional, mas o país mais influente, os Estados Unidos, por intermédio de seu então Presidente, Ronald Regan, ignorou tal genocídio, vindo, também, a creditar as ações iraquianas, vetando as sanções econômicas que o Congresso tentou impor a Baghdah[80] – uma vez, na época, Saddam Hussein era aliado da Casa Branca, já que lutava contra a revolução islâmica que o Irã de Aiatolá Khomeini queria expor à região. Relatórios secretos revelam que Washington sabia, desde 1983, que o Iraque havia usado os mesmos gases letais para tentar conter as gigantescas ofensivas de "ondas humanas" dos iranianos. Sabia-se, também, que, com a ajuda de multinacionais, Saddam estava construindo um complexo industrial de armas químicas[81].

Outro ponto da história que merece ser destacado é a Guerra do Golfo, ocorrida em 1991. Mais uma vez, toda força militar do ditador Saddam

---

[77] MIDDLE EAST WATCH REPORT. *Genocide in Iraq: The Anfal Campaign Against the Kurds*. Disponível em: https://www.hrw.org/reports/1993/iraqanfal/APPENDIXB.htm. Acesso em: 02 de maio de 2021.

[78] MIDDLE EAST WATCH REPORT. *Genocide in Iraq – First Anfal*. Disponível em: https://www.hrw.org/reports/1993/iraqanfal/ANFAL3.htm. Acesso em: 02 de maio de 2021.

[79] DOVYDAITIS, Jenna L., "The Lasting Legacy of Chemical Weapons in Iraqi Kurdistan" (2020). Honors Undergraduate Theses. 699. Disponível em: https://stars.library.ucf.edu/cgi/viewcontent.cgi?article=1837&context=honorstheses. Acesso em: 23 de maio de 2021.

[80] GUNTER, Michael M. *The Kurds Ascending – The evolving solution to the Kurdish problem in Iraq and Turkey*. New York: Palgrave Macmillan, 2008.

[81] YILDIZ, Kerim. *The Kurds in Iraq – The Past, Present and Future*. London: Pluto Press, 2004.

Hussein veio a dizimar as poucas vilas curdas que haviam restado. Novamente, ocorrera a utilização de armas químicas contra a população curda[82].

Ao final de tal guerra e de uma rebelião contra as leis de Baghdad, os entes internacionais entenderam que havia chegado o momento de se pronunciar a respeito das violações dos direitos humanos que no Iraque haviam ocorrido. Assim, fora definido pelo Conselho de Segurança das Nações Unidas, em sua Resolução 688[83], o nascimento de uma zona, ao Norte do Iraque, autônoma e protegida por toda coalizão internacional para os curdos que no país se encontravam. Nesses termos, as potências ocidentais permitiram que dez milhões de curdos, os quais tinham se refugiado em países tais como Turquia e Irã, voltassem a seus lares, com a devida proteção internacional.

A interpretação dessa Resolução ainda gerou alguns conflitos entre as tropas iraquianas e as curdas, acarretando um bloqueio econômico em todo o Norte do país, reduzindo o fornecimento de alimentos e de petróleo. Mas, assim mesmo, em outubro de 1991, o território ao norte iraquiano – considerado como sendo uma espécie de "protetorado" da Organização das Nações Unidas –, ganhou de fato sua independência, regulando-se fora do controle de Baghdad, a partir de dois partidos: *Kurdish Democratic Party* (KDP) e *Patriotic Union of Kurdistan*[84] (PUK).

Aponta-se que nesse território autônomo, logo que se deu sua criação, os curdos ficaram sujeitos a dois embargos: um imposto pelas Nações Unidas no Iraque e outro imposto por Saddam Hussein na região. Estes embargos trouxeram, à região, uma miséria tão grande que gerou uma tensão entre os dois partidos curdos para controle das rotas comerciais e dos recursos da região[85], mas, após a Resolução 986 do Conselho de Segurança da ONU[86],

---

[82] FINLAN, Alastair. *Essential Stories – The Gulf War 1991*. Oxford: Osprey Publishing, 2003.

[83] Tal resolução fora proposta no ano de 1991, objetivando o fim da repressão da população civil iraquiana e permitir o acesso de organizações humanitárias internacionais a todos que, nesse país, necessitassem de auxílio. CONSELHO DE SEGURANÇA DA ONU. **Resolução 688**. Index: S/RES/688, 5 de abril de 1991. Disponível em: http://unscr.com/en/resolutions/doc/688. Acesso em: 07 de maio de 2021.

[84] PATRIOTIC UNION OF KURDISTAN. **Inside Iraqi**. Disponível em: <http://www.puk.org>. Acesso em: 15 maio 2021.

[85] YILDIZ, Kerim. *The Kurds in Iraq – The Past, Present and Future*. London: Pluto Press, 2004.

[86] Esta resolução fora aprovada em 14 de abril de 1995, autorizando a importação temporária, por razões humanitárias, de petróleo e de produtos petrolíferos oriundos do Iraque. CONSELHO DE SEGURANÇA DA ONU. **Resolução 986**. Index: S/RES/986, 14 de abril

prevendo a troca de petróleo por comida para a região, tais tensões desapareceram e a localidade está se desenvolvendo a cada ano que se segue.

A região autônoma ao norte do Iraque tem sido fundamental para o exercício da autodeterminação do povo curdo, uma vez que ali se pode decidir o seu destino de acordo com suas vontades. Igualmente, está autorizada a difusão de sua cultura, de sua língua e de mais tantos outros aspectos que foram, por muito tempo, reprimidos.

Precisa-se que tal parte autônoma alimenta o sonho curdo da reformulação de seu Estado. Também, com a Guerra do Iraque que eclodiu em 2003, e tendo os estadunidenses como aliados, os curdos veem mais uma possibilidade que sua demanda, até então utópica em termos recentes, de Estado se torne concreta.

O processo constitucional atual iraquiano é encarado, para essa minoria, como um meio de conseguir seu objetivo último: separar-se do Iraque completamente para formar um Estado curdo. Os curdos entendem que a democracia concretizará sua autodeterminação e o direito a buscarem sua independência[87].

Apesar da relativa autonomia e paz que gozam, a população curda acredita que sua luta não terminou, como diz Barzam Abdulmusawar, um professor de história da Universidade de Sulaymaniya: "os países em que os curdos se encontram têm feito de tudo para mantê-los sob controle. Nosso problema nunca foi resolvido de maneira certa. É como uma bomba relógio que pode explodir a qualquer momento."[88]

No momento presente, o símbolo mais potente das aspirações curdas é a sua própria bandeira, uma vez que é proibida qualquer outra bandeira que não seja a do antigo Estado do Curdistão em seu território autônomo, sendo que a justificativa para esta proibição é uma só: "nós não somos iraquianos, sírios, turcos e nem iranianos. É nos imposta a nacionalidade deles ao invés da nossa. Agora, queremos apenas aquilo que nos é devido: a nossa nacionalidade"[89].

---

de 1995. Disponível em: http://unscr.com/en/resolutions/doc/986. Acesso em: 07 de maio de 2021.
[87] KURDISTAN REGIONAL GOVERNMENT. *Kurds in Iraq welcome democracy*. Disponível em: <http://www.krg.org/articles_detail.asp?RubricNr=&ArticleNr=7156&LangNr=12&LNNr =28&RNNr=44>. Acesso em: 12 maio 2021.
[88] Idem.
[89] Idem.

O principal ponto problemático que se avista, no momento, para o povo curdo iraquiano é que sua área autônoma não é vista com bons olhos pelos países vizinhos, onde também se encontram entes de tal minoria. Uma vez que tal autonomia é o primeiro passo para a reconstrução de um Estado nacional curdo, os outros países em questão possuem receio em perder parte de seu território em prol da possível criação desse Estado[90].

Conhecendo tais temores, os curdos deixam claro que não possuem qualquer pretensão em vir unir todos as forças curdas que no Oriente se encontram para conseguir, por meios coercitivos, a tão sonhada unificação. O que eles pretendem é que lhes sejam reconhecidos, por vias diplomáticas e democráticas, os seus direitos humanos, para então se pensar, em um segundo momento, na formação pacífica – e de acordo com os ditames do Direito Internacional – do Estado curdo.

1.1.3. Curdos no Irã

O Estado do Irã possui, ao todo 31 províncias, dentre as quais, no noroeste de seu território, encontra-se a província do Curdistão[91]. Localizada em uma das três fronteiras iranianas – às margens do Iraque -, a província conta com uma população curda – segundo dados estatísticos do *United States Institute of Peace* (2020) – de oito a dez milhões de pessoas, correspondendo a aproximadamente 10% de toda a população do Irã.[92]

Para que haja um perfeito entendimento de como se delineia a presente situação de tal povo em território iraniano, necessário se faz examinar, de maneira sucinta, o desenrolar histórico da etnia no Estado.

Fazendo um recorte histórico datado do século XVII, pode-se compreender que o relacionamento entre o povo curdo e o governo iraniano sempre foi marcado por pontos de tensões, insatisfações e conflitos. Neste sentido, já no ano de 1.600, o reino do Irã, controlado, à época, por Safavids, estabeleceu que os curdos deveriam salvaguardar a fronteira iraniana

---

[90] GUNTER, Michael M. *The Kurds Ascending – The evolving solution to the Kurdish problem in Iraq and Turkey*. New York: Palgrave Macmillan, 2008.

[91] *In Iranian Kurdistan more than sixty Kurdish tribes can be identified, ranging in size from the huge (120.000) but amorphous Kalhor, southwest of Kermanshah, to the small tribes near Sardasht numbering only a few thousand souls each.* EAGLETON, W. **Kurds, Turks and Arabs**. London: Oxford University Press, 1963. p. 16 – 17

[92] UNITED STATES INSTITUTE OF PEACE. **The Troubled Provinces: Kurdistan**. Disponível em: https://iranprimer.usip.org/blog/2020/sep/08/iran's-troubled-provinces-kurdistan. Acesso em: 02 de maio de 2021.

para evitar uma invasão do então Uzbequistão, forçando-os a migrarem para a região do país chamara de Khurasan[93]. Na dinastia subsequente, de Qajar, estabelecida a partir do ano de 1794, tentou-se estabelecer uma unidade entre as tribos que compunham o Irã à época, justamente para evitar novas invasões estrangeiras[94]. Nesta perspectiva, os líderes das tribos curdas que no Irã habitavam não passaram ilesos em tal cenário sendo que, alguns anos mais tardes, perceberam que as crescentes ondas de rivalidade entre Reino Unido e Rússia poderiam vir a afetar a realidade iraniana.[95]

Em momento posterior, com a ascensão ao poder de Reza Khan[96] (1921), não se fez qualquer apelo ao movimento nacionalista curdo, considerando, então, a comunidade curda que no Irã vivia como tribal, não garantindo qualquer consolidação dos direitos reivindicados pelos curdos naquele momento.[97]

A partir de 1930, ainda na dinastia Pahlavi, o centralismo da política territorial iraniana veio à tona, sendo que o desarmamento das tribos curdas e a redefinição do *status* político do latifúndio tribal foram francas tentativas de reconstruir a identidade nacional iraniana a partir de uma base cultural uniforme. Neste sentido, também, homens curdos foram então convocados para o novo exército daquele país, devendo, então, servirem sob a nova bandeira nacional. Assim, estabeleceu-se, primariamente, uma lealdade uniforme ao Estado, e não à cultura tradicional. Ademais, um decreto emitido em 1935 marcou o fim do curdo como língua escrita no Irã[98], justamente visando a construção da identidade uniforme do Irã.[99]

---

[93] KOOHI-KAMALI, Farideh. *The Political Development of the Kurds in Iran – Pastoral Nationalism*. New York: Palgrave Macmillan, 2003. p. 39

[94] Durante aproximadamente 60 anos, o Irã fora palco de invasões afegãs.

[95] MACDOWALL, David. *A Modern History of Kurds*. Fourth Edition. London: I.B. Tauris, 2021.

[96] *Reza Khan, later to become Reza Shah in 1925 and the founder of the Pahlavi dynasty, was able, in large measure, to create a functioning nation-state of the type recognizable to Europeans, capable of defending at least its borders.* KOOHI-KAMALI, Farideh. *The Political Development of the Kurds in Iran – Pastoral Nationalism*. New York: Palgrave Macmillan, 2003. p. 40.

[97] NATALI, Denise. *The Kurds and the state: evolving national identity in Iraq, Turkey, and Iran*. Syracuse: Syracuse University Press, 2005.

[98] *The suppression of Kurdish identity was thus intrinsic to the self-definition of the emergent nation state in Iran, whose brief and troubled history was not preceded by capitalist enterprise and liberal political culture. The suppression of the Kurdish language meant the expulsion of the Kurd from the sphere of writing. It was symptomatic of the imminent death of civil society in Iranian Kurdistan, the sudden disappearance of a nascent discursive formation which mediated between the political and the personal. The demise of civil society as such meant that public expressions of difference, of the ethnic identity of*

Neste diapasão, em 1940, um movimento nacionalista se iniciou por todo o território do antigo Curdistão – o chamado *Komeley Jiyanewey Kurd*[100]. Este movimento emergiu na cidade iraniana de Mahabad, tendo sido ela o mais importante centro de resistência curda desde então[101] -tanto é verdade que fora nesta localidade que se proclamou, nos anos de 1945 e 1946, a República Independente Curda.[102]

Com a Revolução Iraniana de 1979, os curdos observaram uma primeira oportunidade robusta para reivindicarem por sua autonomia regional e por seu direito à autodeterminação no contexto iraniano[103]. Todavia, o cenário do regime pós-revolucionário não se demonstrou favorável sequer ao diálogo para com o povo curdo, sendo seus movimentos reprimidos com violência e, ao final de janeiro de 1979, Aiatolá Khomeini declarou guerra contra os curdos.[104]

Desde então, o regime iraniano intensificou a opressão política contra o povo curdo. E, como resultado da guerra declarada por Aiatolá Khomeini, viera o estrondoso número de 70.000 curdos mortos, gerando, também, a estagnação da economia e a destruição total da sociedade e da cultura curda nas cidades iranianas que tal povo habitava.[105]

Um ano após tal massacre, em setembro de 1980, adveio a Guerra Irã X Iraque. Nesse cenário, tropas de Saddam Hussein – líder, na época, do

---

the Kurd, could not be without violence. VALI, Abbas. **Kurds and the State in Iran.** London: I.B. Tauris, 2011. p. 19

[99] VALI, Abbas. **Kurds and the State in Iran.** London: I.B. Tauris, 2011.

[100] *This semi-clandestine organization, it is widely held, was founded on 16 August 1942 in Mahabad. It emerged out of Komalay Azadixwazi Kurdistan (Society for the Liberation of Kurdistan), another clandestine organization which had been founded in the summer of 1938 in the Mukrian region of eastern Kurdistan, very likely also in the town of Mahabad. The founders of the Komalay Jiyanaway Kurdistan came from the ranks of the Kurdish urban petty bourgeoisie, both traditional and modern, though predominantly the latter.* VALI, Abbas. **Kurds and the State in Iran.** London: I.B. Tauris, 2011. p. 20

[101] CRONIN, S. **Tribal Politics in Iran: rural conflict and the new state, 1921 – 1941.** New York: Routledge, 2007.

[102] MIRÓ, Olga. *La qüestió Kurda.* Disponível em: http://antiga.observatori.org/mostrar.php?id=66&files_id=203&tipus=files&lng=cas. Acesso em: 20 março 2021.

[103] UNREPRESENTED NATIONS & PEOPLES ORGANIZATION. **Iranian Kurdistan – Democratic Party of Iranian Kurdistan; Komala Party of Iranian Kurdistan.** UNPO, 2017.

[104] BELMONTE DE RUEDA, Esperanza; MARTORELL, Manuel. **Kurdistán, historia de un nacimiento imposible.** *Observatorio de Conflictos, Informe*; 2, 1996.

[105] VANLY, Parêz. **Aspects de la Question Nationale Kurde en Iran.** Paris: Association des Etudiants Kurdes en Europe, 1959.

Iraque – penetram no interior do território iraniano, vindo a atacar, especificadamente, as cidades de Piranxahr, Sardaixt e Qsar-e Xirin, as quais eram majoritariamente habitadas por curdos. Por consequência, a população curda iraniana fora alvo de diversos bombardeiros iraquiano, sendo que muitos acabaram morrendo e outros milhares, fugiram de suas terras.[106]

Ainda que a guerra viesse a abrir um leque de oportunidades, tanto para os curdos do Irã, bem como aos curdos do Iraque, em relação à possível consolidação de suas reivindicações, não fora isto que ocorrera: ambos os países usaram a guerra para confrontar suas próprias poluções curdas, uma vez que, ainda que em guerra, ambos convergiam no entendimento do quão benéfico seria continuar alimentando o problema curdo em seus territórios.[107]

Em um desenrolar histórico de tal contexto, em 1988, o governo iraniano aceitou uma rodada de negociações visando a discussão sobre a questão da autonomia curda no Irã, uma vez que, no ano anterior, o regime de Teerã veio eliminar líderes de um importante partido curdo, o PDKI (Partido Democrático do Curdistão no Irã), sendo assassinado A. R. Ghassemlu e o secretário geral do mesmo partido, Sadeg Sharafkandi[108].

Neste momento, observa-se, então, uma emergência no cenário internacional por consequência do massacre que, ainda que indiretamente, a Guerra Irã X Iraque estava causando para o povo curdo. No entanto, ainda que com os esforços da França, em abril de 1991, no Conselho de Segurança da Organização das Nações Unidas (ONU), não se conseguiu alcançar uma resolução capaz de proteger o povo curdo naquele contexto.[109]

Mais à frente, em 1997, elege-se, com 70% dos votos, Mohammad Khatami. Presidente reformista, prometeu uma reforma no sistema político iraniano, com a emergência do pluralismo político e, também, do reconhecimento de certos direitos à população curda. Neste sentido, enfatizou, ao longo do primeiro momento de seu mandato, a noção da inclusão em solos iranianos, tendo, efetivamente, agradado a população curda.[110]

---

[106] CASTLES, Stephen; HAAS, Hein de; MILLER, Mark J. *The Age of Migration: international population movements in the modern world*. Fifth edition. New York: Palgrave Macmillan, 2014.
[107] KOOHI-KAMALI, Farideh. *The Political Development of the Kurds in Iran – Pastoral Nationalism*. New York: Palgrave Macmillan, 2003.
[108] MIRÓ, Olga. *La qüestió Kurda*. Disponível em: http://antiga.observatori.org/mostrar.php?id=66&files_id=203&tipus=files&lng=cas. Acesso em: 20 março 2021.
[109] MALANCZUK, Peter. The Kurdish Crisis and Allied Intervention in the Aftermath of the Second Hulf War. *European Journal of International Law* (1991), n. 114, p. 114 – 132.
[110] GUNTER, Michael M. *Routledge Handbook on the Kurds*, New York: Routledge, 2019.

Neste sentido, a oposição ainda levou boa parte da população se opor não apenas ao regime de Khatami, mas especialmente às demandas de autodeterminação do povo curdo. Não obstante, conseguiu-se, naquele momento, fazer com que a demanda por autonomia curda não fosse vista, ao menos em solos iranianos, como a mais maléfica e arriscada à soberania iraniana: em realidade, as reivindicações curdas foram colocadas como arguições comuns aos grupos étnicos presentes no Irã.[111]

Em tempos mais recentes, em junho de 2005, Mahmoud Ahmadinejad tornou-se presidente do Irã, tendo provocado uma mudança substancial naquela sociedade. A partir de então, incrementou-se o radicalismo, o gozo de poderes pela parcela ultraconservadora da sociedade, caracterizando-se, tal eleição, a *nova Revolução Islâmica* em território iraniano.[112]

Nesse cenário, uma série de medidas foram tomadas pelo referido presidente para acabar com a "contaminação do Irã pela cultura do Ocidente", com o advento de uma Constituição discriminatória e injusta, não levando em conta os direitos de seus cidadãos e, muito menos, de suas minorias. Como exemplo, descrevem-se algumas das medidas internas adotadas: banir todos os filmes e publicações que façam alusão ao liberalismo, feminismo e secularismo, ou seja, qualquer situação que faça referência a algum dos ideais que pautam a sociedade dos Estados Unidos da América foram proibidos, à época, no Irã.[113]

Decorrente dessa situação, eclodiram massivas violações aos direitos dos povos curdos. Em decorrência da brutalidade da opressão do regime teocrático iraniano, entre julho e agosto de 2005 ocorreu o maior protesto curdo em tempos recentes no Irã. Por consequência do assassinato de um ativista curdo, cujo qual teve seu corpo arrastado por toda a cidade de Mahabad, os curdos manifestaram contra tal perpetração de violência de forma robusta e massiva, vindo a ocorrer, como resposta do governo de Teerã, a prisão de centenas de curdos e a morte de pelo menos 17 manifestantes[114]. Centenas de pessoas foram presas, sendo que algumas

---

[111] GUNTER, Michael M. *Routledge Handbook on the Kurds*, New York: Routledge, 2019.
[112] MIRÓ, op. cit.
[113] YILDIZ, Kerim; TAYSI, Tanyel B. The Kurds in *Iran: The Past, Present and Future.* London: Pluto Press, 2007.
[114] UNIVERSITY OF MARYLAND. *Minorities at Risk – Assessment for Kurds in Iran*. Disponível em: http://www.mar.umd.edu/assessment.asp?groupId=63007. Acesso em: 05 de junho de 2021.

tiveram um longo termo de prisão e outras continuam esperando o seu julgamento[115].

Ainda, como exemplo das terríveis ações despendidas às minorias pelo regime iraniano, cita-se a expulsão dos estudantes da Universidade do Curdistão, que optaram pela língua curda para o ensino; as detenções sistemáticas dos curdos, acusando-os de comportamento imoral, sem especificar o que vem a ser tal comportamento; a destituição do cargo de professores a vinte e cinco curdos, alegando o desrespeito à cultura islâmica, pois usavam camisetas e não possuíam bigode; dentre tantos outros exemplos de perpetração de violação de direitos para com o povo curdo.[116]

Quanto ao aspecto étnico, a discriminação contra os curdos encontrava-se em todos os ramos da sociedade civil. Para esses indivíduos, todas as atividades políticas eram proibidas, além de ser vetada a utilização da língua curda em escolas. A economia de tal povo encontrava-se em constante colapso e o desemprego atingia 47% do total de sua população. A situação mais chocante fora a distribuição, por parte do governo iraniano, de drogas para a etnia curda, objetivando que esta não tivesse meios físicos e psicológicos para reivindicar seus direitos. Tiros disparados pelas tropas do governo, nas cidades majoritariamente habitadas por curdos no Irã, transformaram-se em um evento quase que diário.[117]

Mais à frente, em 2006, por Bahaeddin Adab, fora criado o *Kurdish United Front* (KUF), cujo qual, desde então, reivindica, pacificamente, os direitos que, segundo consta, consideram-se sistematicamente violados e não consolidados para com a população curda.[118]

Sublinha-se que, no Irã, a parcela curda da população vem representada por intermédio do Partido Democrático do Curdistão no Irã (PDKI), o qual reivindica a modificação da Constituição iraniana para a configuração de um Estado Federal, com uma separação clara entre poder religioso

---

[115] Miró, op. cit.
[116] Sima, Zozan; Academy, Jineolojî. A existência de um povo pela resistência: os curdos. **Revista Periferias**. Disponível em: https://revistaperiferias.org/materia/a-existencia-de-um-povo-pela-resistencia-os-curdos/. Acesso em: 27 de junho de 2021.
[117] KURDISH HUMAN RIGHTS PROJECT. ***The Kurds: a background***. 2005. Disponível em: <http://www.khrp.org/AnnualReports/annual05/kurdsabackground.htm>. Acesso em: 20 março 2021.
[118] AMNESTY INTERNATIONAL. ***Iran: human rights abuses against the kurdish minority***. London: Amnesty International Publications, 2008.

e o aparelho estatal. Considera-se um partido democrático progressista, sendo partidários de uma negociação pacífica com o governo de Teerã, mas que hoje, dada a repressão profunda que continuam a sofrer, opera clandestinamente[119].

Apesar de não ser reconhecido pelo governo iraniano, o PDKI é quem mais vem atuando na conjuntura internacional, requerendo que as Nações Unidas venham a condenar as violações dos direitos humanos que no Irã vem ocorrendo ao longo dos tempos. Ainda, pede a atenção da União Europeia para a sua condição de vida em tal território. Afirma-se que vem a ser esse partido o qual dá esperanças de um futuro e uma vida digna aos curdos que no Irã vivem.

1.1.4. Curdos na Síria

Diferentemente dos curdos que se encontram na Turquia, Iraque ou até mesmo no Irã, os curdos sírios, até 2004, não recebiam a mesma atenção internacional, vindo a serem chamados de "esquecidos" ou "silenciados". Mas, no ano de 2004, após um incidente envolvendo tiros em um jogo de futebol, realizado em uma cidade síria, os curdos puderam expressar sua situação triste e dramática que acabam por viver em território sírio.[120]

Ainda que em menor número quando comparados com outras áreas do antigo Curdistão, os curdos são a maior minoria étnica de descendência não árabe existentes na Síria, em número de um milhão e quinhentas mil pessoas, representando aproximadamente 10% da população de tal país[121]. Deste total, cerca de 40% vivem ao pé das Montanhas Taurus, ao norte da região de Alepo. Uma quantidade igual vive em Yazirah e, basicamente, 10% de tal totalidade habitam a região de Jarabulus e, outros 10%, Havy Al Akrad[122].

---

[119] MARTORELL, Manuel. *Kurdistán, historia de um nacionalismo imposible*. Disponível em: <http://www.fuhem.es/portal/areas/paz/observatorio/informes/kurd.htm>. Acesso em: 22 de março de 2021.

[120] FATTAH, Hassan M. Kurds, Emboldened by Lebanon, Rise Up in Tense Syria. **New York Times**. Disponível em: http://www.nytimes.com/2005/07/02/world/middleeast/kurds-emboldened-by-lebanon-rise-up-in-tense-syria.html?_r=0. Acesso em: 12 de junho de 2021.

[121] YILDIZ, Kerim; TAYSI, Tanyel B. *The Kurds in Syria – the forgotten people*. London: Pluto Press, 2005.

[122] HUMAN RIGHTS WATCH. *Syria: the silenced Kurds*. Disponível em: <http://www.hrw.org. reports/1996/Syria.htm>. Acesso em: 13 de junho de 2021.

No que tange ao seu modo de vida, a maioria dos curdos são agricultores nas regiões acima citadas, tendo como principais culturas o trigo, o algodão, a cevada e o arroz. Ainda, alguns curdos são habitantes das cidades e, outros, nômades, dirigindo seus rebanhos para as montanhas no verão e trazendo-os para áreas mais planas no inverno. Frisa-se que, para os curdos, a lealdade tribal vem a ser maior do que o sentimento nacionalista.[123]

A maior parte dos curdos sírios vêm a ser muçulmano, da linha sunita; outros poucos seguem o cristianismo. Ainda, quase todos os curdos que vivem na Síria falam o dialeto curdo *kurmanji*. Muitos curdos vivem em tal Estado por gerações, tendo a organização tribal como base de sua sociedade. Além disso, é importante frisar que fora entre os anos de 1924 e 1938, quando a Turquia então era governada por Mustafa Kemal Atatürk, que ocorrera o maior êxodo de curdos que viviam na Turquia em direção à Síria, uma vez que este governante acima descrito implementou uma política contra tal povo, vindo a acarretar numa desenfreada onda de atrocidades[124].

Não obstante, cabe pontuar que durante o século passado, os curdos na Síria sofreram uma cadenciais violações de seus direitos ante a uma tripla sequência de colonialismo, qual seja: primeiro, com o Império Otomano, até o ano de 1918; após, com a (neo)colonização francesa, até 1946; e, por fim, com os árabes, que conseguiram a independência e a formação contemporânea do atual Estado da Síria (que perdura até a hodiernidade).[125]

Neste recorte, então, examinar-se-á o contexto dos cursos em território sírio a partir de 1946, quando então as tropas francesas deixaram o Estado. Assim, naquele momento histórico, os curdos foram diretamente afetados pelo "milagre da agricultura" ocorrido, no período, na região de Jazira: por consequência da devastação ocorrida na Segunda Guerra Mundial, a agricultura dos solos sírios teve um expressivo *boom* econômico, fazendo com que a população curda também viesse a desfrutar de tais consequências positivas, naquele momento.[126]

---

[123] YILDIZ, Kerim; TAYSI, Tanyel B. *The Kurds in Syria – the forgotten people*. London: Pluto Press, 2005.
[124] LIBRARY OF CONGRESS COUNTRY STUDIES. **Syria – Kurds**. Disponível em: <http://lcweb2.loc.gov/cgi-bin/query/r?frd/cstdy:@field(DOCID+sy0036)>. Acesso em: 20 de junho de 2021.
[125] GUNTER, Michael M. *Out of Nowhere – the kurds of Syria in peace and war*. London: Hurst & Company, 2014.
[126] TEJEL, Jordi. *Syria's Kurds – History, politics and society*. New York: Routledge, 2009.

Não obstante, as tensões entre os chefes das tribos, em decorrência do aumento da demanda da agricultura, já na década de 50, passaram a eclodir, trazendo consigo, também, a marginalização de determinados grupos, tais como os curdos. Neste mesmo contexto, as forças armadas do país recém libertado da colonização francesa, assumiram um papel de destaque na vida política, transformando a Síria em uma ditadura militar.[127]

Assim, já na década de 50, com a ascensão al-Shishakli ao poder, os curdos passaram a serem vistos como uma grande ameaça, no território sírio, ao nacionalismo árabe que estava começando a se consolidar. Eram vistos como supostos agentes contratados pelas forças ocidentais para evitar a *arabização* da Síria, reascendendo, assim, as tensões e o preconceito para com o povo curdo naquele território.[128]

Como resposta, os curdos organizaram-se politicamente, estabelecendo, em 1957, o chamado *Partîya Demokrat a Kurdistan – Sûriye (al-Partî)* – Partido Democrático do Curdistão na Síria -, expressando o desejo de uma representação efetiva e robusta, além de avançarem nos termos de garantias da educação e cultural curda na região[129]. Ocorre que, a partir de 1960, a situação de repressão para com o povo curdo fora agravada e viera a se desenrolar de maneira crítica.

Em 1961, o sentimento contrário ao povo curdo cresceu ainda mais, juntamente à propaganda governamental contrária à etnia: o levante curdo, ocorrido no Iraque no ano de 1961, despertou o medo e a atenção do governo sírio, uma vez que acreditava que tal poderia ocorrer também naquele país.

Então, absurdamente, em 23 de agosto de 1962, o governo sírio emitiu o Decreto Legislativo nº 93, cujo qual previa a instauração de um excepcional senso, de um dia, a ser realizado na província de al-Hasakeh, no nordeste da Síria. Tal censo eliminou a nacionalidade síria de cerca de 120.000 curdos sírios – 20% da população curda existente, naquele momento, no Estado[130]. Em uma atitude incontroversamente violadora de direitos humanos, os curdos, então, encontraram-se sem Estado e sem poder reclamar

---

[127] TEJEL, Jordi. *Syria's Kurds – History, politics and society*. New York: Routledge, 2009.
[128] TEJEL, Jordi. *Syria's Kurds – History, politics and society*. New York: Routledge, 2009.
[129] YILDIZ, Kerim; TAYSI, Tanyel B. *The Kurds in Syria – the forgotten people*. London: Pluto Press, 2005.
[130] YILDIZ, Kerim; TAYSI, Tanyel B. *The Kurds in Syria – the forgotten people*. London: Pluto Press, 2005.

por qualquer outra nacionalidade, uma vez que tinham acabado de perder, na própria região que habitavam, seus direitos civis e políticos.

A atitude, segundo o governo sírio, teria como propósito a identificação de "infiltrantes alienígenas"[131], cujos quais, supostamente, teriam ilegalmente cruzado a fronteira turca em direção à região do Curdistão sírio[132]. Assim sendo, neste momento, os curdos tiveram que provar que estavam vivendo na Síria pelo menos desde 1945, ou, então, perderiam qualquer direito garantido por este governo[133].

Deve ser lembrado que tal senso fora extremamente cruel, discriminatório e não condizente com a realidade, uma vez que irmãos da mesma família, nascidos em uma mesma vila, vieram a ser classificados de maneira distinta. Pais passaram a ser estrangeiros, enquanto seus filhos eram cidadãos sírios. Curdos que serviram no exército sírio tinham perdido sua cidadania, enquanto famílias que haviam subornado as forças do governo, mantiveram sua cidadania. De acordo com informações de advogados sírios, defensores da causa curda, "milhares de pessoas foram dormir como sírios e, quando acordaram, descobriram que não eram mais cidadãos"[134].

Desde então, tais curdos sírios, os quais não foram considerados como cidadãos segundo o senso acima citado, não possuem o amparo de qualquer lei nacional, muito menos direito de voto, de ter sua própria propriedade, de casar-se com o devido reconhecimento legal, não podendo ter passaportes (por consequência, sem a liberdade de circulação entre os países), dentre outros abusos.

Além disso, no programa de arabização dos povos curdos, muitas outras medidas foram tomadas, as quais, sucintamente, podem assim ser

---

[131] Em verdade, este senso fora um dos componentes do plano para "arabizar" o nordeste da Síria, uma área com uma concentração maciça de povos declaradamente não árabes.

[132] *As a result of the census, Kurds were placed into one of three categories: i) Kurds who could prove their Syrian citizenship; ii) Kurds who had their Syrian citizenship removed were registered by the Syrian authorities as 'foreign' (ajnabi, pl. ajanib). Kurds in the Jazira region were generally considered to be migrants and illegal immigrants and through the census, thousands were officially registered as ajanib; iii) Kurds who did not take part in the census were regarded as 'unregistered' (maktoum, pl maktoumeen) even if they already held Syrian citizenship.* YILDIZ, Kerim; TAYSI, Tanyel B. **The Kurds in Syria – the forgotten people**. London: Pluto Press, 2005. p. 34

[133] HUMAN RIGHTS WATCH. **Syria: the silenced Kurds**. Disponível em: <http://www.hrw.org. reports/1996/Syria.htm>. Acesso em: 13 de junho de 2021.

[134] HUMAN RIGHTS WATCH. **Syria: the silenced Kurds**. Disponível em: <http://www.hrw.org. reports/1996/Syria.htm>. Acesso em: 13 de junho de 2021.

descritas[135]: mudança de nome de cidades e vilas que tinham seu nome curdo; punições severas para quem estivesse utilizando a língua curda; recusa em registrar crianças com nomes curdos; proibição de negócios com nomes não árabes; proibição de escolas curdas; proibição de livros ou qualquer outro material escrito em língua curda; etc.

Em 1971, fora eleito Hafiz al-Asad, cujo qual viera a implementar a chamada *Arab Belt police*[136]. Seu regime teve suas origens no Partido do Renascimento Árabe Socialista[137] (BAAZ), sendo a tendência mais à esquerda que se conseguiu alcançar no governo de Damasco.

Traça-se que a política de Hafiz al-Asad travou uma longa incursão em termos de violação aos direitos humanos dos povos curdos: ordenou-se o despejo das famílias curdas que moravam ao longo da fronteira entre Síria, Turquia e Iraque (região de Jazira), estabelecendo, em termos concretos, a ideia de *arabização* da região. Tal objetivo seria alcançado por intermédio do assentamento de famílias árabes naquela região que, então era povoada pelo povo curdo.[138]

Não bastasse o absurdo em tela, observa-se que, enquanto os curdos habitavam a região de Jazira, foram-lhe negados, pelo governo sírio, o acesso a bens básicos, tais como eletricidade, água tratada, infraestrutura básica de transporte e outras facilidades primárias. Em contrapartida, quando chegaram as famílias árabes, o governo não apenas reestruturou a região, mas também lhes proveu com armas, sementes e fertilizantes, conforme destaca um engenheiro curdo entrevistado pelo *Human Rights Watch*:

> *The government built them homes for free, gave them weapons, seeds and fertilizer, and created agricultural banks that provided loans. From 1973 to 1975, forty-one villages were created in this strip, beginning ten kilometers west of Ras al-'Ayn. The idea was to separate Turkish and Syrian Kurds, and to force Kurds in the area to move*

---

[135] HUMAN RIGHTS WATCH. *Syria: the silenced Kurds*. Disponível em: <http://www.hrw.org.reports/1996/Syria.htm>. Acesso em: 13 de junho de 2021.

[136] *Under this new policy, a military cordon was to be created along the Syrian–Turkish border and the Syrian–Iraqi border, much of which was contained in the Jazira region of Syria. This cordon was to be approximately 10–15 kilometres deep and 375 kilometres long. This new policy was implemented by Hafiz al-Asad in 1973 upon completion of the Tabqa Dam.* YILDIZ, Kerim; TAYSI, Tanyel B. **The Kurds in Syria – the forgotten people**. London: Pluto Press, 2005. p. 36

[137] Esse partido apresenta-se alocado no Iraque, Síria e Líbano, contando com uma ideologia pan – árabe. Baseia-se no socialismo e no nacionalismo, adaptados à cultura árabe e islâmica.

[138] YILDIZ, Kerim; TAYSI, Tanyel B. **The Kurds in Syria – the forgotten people**. London: Pluto Press, 2005.

away to the cities. Any Arab could settle in Hasakeh, but no Kurd was permitted to move and settle there.[139]

Mas fora com a sua morte – e a consequente ascensão de seu filho ao poder, Bashar al-Asad, em 2000– que houve uma certa liberdade para que os curdos pudessem desenvolver, de maneira lícita, suas tradições culturais, sua língua, suas festividades e mais outras tantas características da tratada etnia[140].

Ocorre que, paradoxalmente, os curdos, neste regime de atendimento às liberdades culturais, vieram a perder, de maneira progressiva, seus direitos políticos. Ou seja, não desfrutaram da possibilidade de eleger um representante de seu povo ao governo da Síria, pois o direito de voto continuava suprimido e, consequentemente, não era possível que nenhuma pessoa curda viesse a se candidatar a algum cargo governamental.

Neste clima de contradições, adveio a guerra do Iraque, o que resultou, para a Síria, mais uma vez, um choque entre a sua população árabe e os curdos, uma vez que os árabes sírios acusavam os curdos de apoiarem a invasão norte-americana em um de seus irmãos árabes, o Iraque. O problema é que a maior parte da população curda não foi solidária à invasão, mas avistou em tal situação uma possibilidade de mudança e de aquisição de direitos.[141]

Quando, em 8 de março de 2004, fora reconhecido, pela Lei da Administração Transitória, a Região Autônoma Curda no Iraque, sendo direcionada à pacífica vivência dos curdos iraquianos, os curdos sírios encorajaram-se ainda mais na luta por seu próprio Estado, causando temor nas autoridades sírias. Assim, com o medo da ruptura do Estado da Síria, o governo deste país repreendeu os curdos que ali se encontravam mediante abusos aos seus direitos humanos.

Nesta situação, nos anos de 2004 e 2005, os curdos sírios, a partir do aumento de sua confiança na condição de merecedores de direitos humanos e, especialmente, daqueles direitos inerentes à sua qualidade de mino-

---

[139] HUMAN RIGHTS WATCH. *Syria: the silenced Kurds*. Disponível em: <http://www.hrw.org. reports/1996/Syria.htm>. Acesso em: 13 de junho de 2021.
[140] CHATHAM HOUSE. *The Syrian Kurds: a people discovered*. Disponível em: <http://www.chathamhouse.org.uk/pdf/research/mep/BPSyrianKurds.pdf#search=%22Kurds%22>. Acesso em: 24 de maio de 2021.
[141] CHATHAM HOUSE. *The Syrian Kurds: a people discovered*. Disponível em: <http://www.chathamhouse.org.uk/pdf/research/mep/BPSyrianKurds.pdf#search=%22Kurds%22>. Acesso em: 24 de maio de 2021.

ria étnica, desenrolaram alguns protestos que ficaram conhecidas como o "despertar curdo"[142].

Assim, em 12 de março de 2004, em um jogo de futebol na cidade de Qamishli, deu-se início a uma série de eventos nos quais os curdos continuam a sofrer suas consequências até hoje. Naquele momento, na partida de futebol, diversos *slogans* com conotações políticas encontravam-se presentes, aumentando a tensão que resultou no uso de gás lacrimogênio e mangueiras de água pela força de segurança, matando pelo menos sete curdos e ferindo mais de uma dezena.[143]

Fora neste contexto que o "despertar curdo" se aprimorou, através de manifestações nas ruas, com a queima de bandeiras da Síria e com movimentos em prol da libertação curda. A resposta do governo sírio veio como esperado: ocorrera muitos assassinatos, prisões arbitrárias de mais de 2000 curdos, negação dos poucos direitos a esta população, entre outros abusos.[144]

Entre 2004 e 2007, observou-se a normalização da violência envolvendo jovens curdos sírios e as forças governamentais, ainda que em junho de 2005, tenha sido anunciadas uma série de medidas com vistas a garantir o suporte do povo curdo. Neste contexto, fora sugerida a criação de um Conselho Curdo, cujo qual teria como incumbência o cuidado e o desenvolvimento da cultura, língua e demais interesses da sociedade curda[145], mas, até hoje, tal Conselho não fora criado.

Um último fator histórico importante, para compreender a questão curda na síria fora a eclosão da Guerra da Síria, em março de 2011. Contemporaneamente à Guerra, houve a ascensão do Partido da União Democrática, de prevalência curda, ao poder, estabelecendo o controle das áreas sírias, na fronteira ao norte, que contam com o maior número de habitantes da etnia.

Paradoxalmente, neste momento, o governo sírio garantiu direitos maiores às minorias que naquele território encontravam-se, vindo, por conse-

---

[142] CHATHAM HOUSE. *The Syrian Kurds: a people discovered*. Disponível em: <http://www.chathamhouse.org.uk/pdf/research/mep/BPSyrianKurds.pdf#search=%22Kurds%22>. Acesso em: 24 de maio de 2021.
[143] YILDIZ, Kerim; TAYSI, Tanyel B. *The Kurds in Syria – the forgotten people*. London: Pluto Press, 2005.
[144] HUMAN RIGHTS WATCH. *Syria: the silenced Kurds*. Disponível em: <http://www.hrw.org. reports/1996/Syria.htm>. Acesso em: 13 de junho de 2021.
[145] CHATHAM HOUSE. *The Syrian Kurds*: a people discovered. Disponível em: <http://www.chathamhouse.org.uk/pdf/research/mep/BPSyrianKurds.pdf#search=%22Kurds%22>. Acesso em: 24 de maio de 2021.

quência, a privilegiar a consolidação de direitos também do povo curdo. Explica-se: como já havia, naquele momento, uma oposição ferrenha ao regime de Bashar al-Asad, esperava-se que, garantindo os direitos às minorias étnicas, tais não engrossariam o coro contrário ao regime.

Com o objetivo de impedir que as minorias étnicas engrossassem as fileiras da oposição ao regime, o governo sírio flexibilizou as regras de concessão de cidadania aos curdos, que sempre tiveram negada sua identidade como sírios. No final de 2011, vários prisioneiros políticos curdos do PYD foram libertados das prisões do país, retornando ao norte da Síria e, desde então, diversos outros curdos sírios que se encontravam no Iraque treinando com o PKK se integraram às fileiras das YPG.[146]

Também, em 2012, com a retirada das forças do Estado de grande parcela territorial síria, os curdos assumiram a grande maioria das regiões curdas naquele Estado, criando condições aptas ao desenvolvimento de suas organizações políticas e militares. Não obstante, tanto o governo sírio como a oposição árabe síria continuam se opondo ao alcance da autonomia curda. Entretanto, cabe destacar que desde 2015, os curdos, em conjunto com algumas outras forças de oposição, fundaram as Forças Democráticas da Síria (SDF), recebendo ajuda militar da coalização para combater o Estado Islâmico, liderada pelos Estados Unidos, possibilitando com que as áreas de controle curdo viessem a sofrer um grande avanço em termos territoriais em 2016.[147]

Então, desde que a Guerra eclodiu e os curdos partilham de esforços – e resultados – aptos a garantir a vitória da coalização contra o Estados Islâmico, estabeleceu-se, ainda que embrionariamente, uma possibilidade de o povo curdo deter certa autonomia e, também, ter suas demandas, em termos de direitos, atendidas. Pensa-se que uma retomada de unificação síria parece improvável, lançando, então, no horizonte a possibilidade de os curdos conseguirem a edificação de uma autonomia concreta e permanente naquele território.[148]

---

[146] NASSER, Reginaldo Mattar; ROBERTO, Willian Moraes. A Questão Curda na Guerra da Síria: dinâmicas internas e impactos regionais. **Lua Nova**, São Paulo, 106: 219-246, 2019. p. 224
[147] GUNES, C. ***The Kurds in a New Middle East***. London: Palgrave Macmillan, 2019.
[148] GUNTER, Michael M. ***Out of Nowhere – the kurds of Syria in peace and war***. London: Hurst & Company, 2014.

Por fim, destaca-se que, nas últimas décadas, ainda que em meio à eclosão da Guerra da Síria, o país passou por uma revolução tecnológica, permitindo que a informação fosse e chegasse de forma mais rápida, efetiva e concreta. Assim, desde então, houve um aumento no número de jornalistas, ativistas e intelectuais curdos, utilizando-se da internet para publicarem seus artigos sobre os movimentos políticos e as relações internas do povo curdo para com o governo sírio[149]. Por consequência, pode-se constatar que a atenção internacional, ainda que não tenha revertido, de fato, a situação de tal povo, focalizou, também, na situação dos curdos que se encontram na Síria.

1.1.5. Curdos na Armênia
A República Democrática da Armênia, um pequeno país localizado na região do Cáucaso, na Ásia, ganhou sua independência em 28 de maio de 1918. Naquele momento, então, 50% da sua população era composta por refugiados que se encontravam na mais profunda pobreza, estando 60% de seu território, ainda, ocupado por forças estrangeiras.[150]

Não se sabe precisamente quando fora a primeira aparição dos curdos na região do Cáucaso, onde se encontra a Armênia, mas se tem notícia que muitas tribos lá existem há milhares de anos. O primeiro fato histórico que confirma tal assertiva é que, do século 10 até o 12 d.C., a área entre os rios Kura e Arax foi dominada pela dinastia Shaddadid, cuja qual possuía, então, ancestrais curdos[151].

Não obstante, a chegada dos curdos na Armênia é datada de quase um século de antecedência, quando então, em 1828, a etnia fugiu das guerras entre a Rússia e a Turquia, estabelecendo-se naquele país[152]. Hoje, é a minoria com o maior número de habitantes na Armênia, contando com aproximadamente 60.000 mil pessoas[153]. Não obstante, apenas os curdos muçulmanos são considerados curdos efetivamente para fins de censo;

---

[149] ALLSOPP, Harriet. *The Kurds of Syria*. London: I.B. Tauris & Co Ltd, 2015.
[150] PAYASLIAN, Simon. *The History of Armenia – from the origins to the present*. New York: Palgrave Macmillan, 2007.
[151] HOME OF TOUR ARMENIA. **Kurds**. Disponível em: <http://www.tacentral.com/people.asp?story_no=7>. Acesso em: 14 de maio de 2021.
[152] MINORITY RIGHTS GROUP INTERNATIONAL. **Armenia – Kurds (Kurdmanzh)**. Disponível em: https://minorityrights.org/minorities/kurds-kurdmanzh/. Acesos em: 07 de abril de 2021.
[153] JOSHUA PROJECT (2017). **Assyrian**. Disponível em: https://joshuaproject.net/people_groups/10464. Acesso em: 20 de abril de 2021.

assim, pode-se prospectar que se tenham muitos mais curdos vivendo em território armênio que o número em referência.

A etnia curda está espalhada, no país, em aproximadamente 21 vilas, sendo que o maior número de curdos se encontra na região de Aragatsotn, localizada a 40 quilômetros a nordeste da cidade de Yerevan[154]. Outras vilas também são habitadas pela etnia, especialmente aquelas que estão nas cidades de Aparan e Talin.[155]

Em relação à história da etnia, vale-se dizer que até que o movimento nacionalista[156] se erguesse em solos armênios, os curdos viveram pacificamente naquele Estado, longe da tensão que, muitas vezes, lhe fora comum nos territórios turcos e persas.[157]

Relata-se, inicialmente, que fora no século 19, após a incorporação da Armênia à Rússia[158], que se deu início o maior assentamento desse povo na região, o qual objetivava encontrar ali uma melhor condição de vida. Assim sendo, desde então, os curdos desenvolveram uma vida nômade e seminômade nesta região, tendo como base de sua economia os rebanhos de carneiros.[159]

Mas, com o fortalecimento da União Soviética, ocorreram mudanças drásticas no modelo de vida de tal etnia, pois as terras que trilhavam as rotas dos pastores, agora, eram de propriedade do Estado, não mais possibilitando a vida nômade que antes os curdos levavam[160].

---

[154] *The largest ethnic minority of Armenia is Kurmanji (a language of northern Kurds) speaking people who confess Yezidism (or Sharfadin). The majority of these people call themselves Yezidi and believe that Yezidi is an ethnic group, while some of them call themselves Kurds and argue that Yezidism is just a religion. In Armenia, Yezidis live mainly in the region of Mount Ara- gats and in the Ararat Valley, a territory which falls into four administrative regions (marzes in Armenian): Aragatsotn, Armavir, Ararat, and Kotayk.* HOVSEPYAN, Roman; STEPANYAN-GANDILYAN, Nina; MELKUMYAN, Hamlet, HARUTYUNYAN, Lili. Food as a marker for economy and part of identity: traditional vegetal food of Yezidis and Kurds in Armenia. **Journal of Ethnic Foods** (2006). Disponível em: http://dx.doi.org/10.1016/j.jef.2016.01.003. Acesso em: 24 de maio de 2021.

[155] HOME OF TOUR ARMENIA. **Kurds**. Disponível em: <http://www.tacentral.com/ people.asp? story_no=7>. Acesso em: 14 de maio de 2021.

[156] O movimento nacionalista armênio erigiu-se no século XIX. GUNTER, Michael M. **The A to Z of the Kurds**. Lanham: The Scarecrow Press, 2003.

[157] DIRECTION OF THE HISTORICAL SECTION OF THE FOREIGN OFFICE. **Armenia and Kurdistan**. London: H.M. Stationery Office, 2020.

[158] A Armênia caiu no domínio da – hoje extinta – União Soviética no ano de 1920.

[159] MARGARIAN, Hayrapet. The Nomads and Ethnopolitical Realities of Trnascaucasia in the 11th-14th Centuries. ***Iran & the Caucasus***, 5, 75-78, 2021.

[160] HOME OF TOUR ARMENIA. **Kurds**. Disponível em: <http://www.tacentral.com/ people.asp? story_no=7>. Acesso em: 14 de maio de 2021.

É relacionando estes acontecimentos que se afirma que, durante os anos de 1930 até 1980 – período em que se viu uma União Soviética fortalecida –, os curdos armênios gozaram de um *status* de minoria protegida, fazendo com que fosse possível o desenvolvimento de uma vida saudável e digna para este povo[161]. Os curdos armênios desfrutavam de um imenso suporte cultural, permitindo a edição de seu próprio jornal – denominado Riya Teze –, sem qualquer atitude por parte do governo que impossibilitasse a plena liberdade de expressão. Neste mesmo período, fora criado um canal de rádio e outro de televisão, sendo que em ambos as informações eram transmitidas em língua curda.[162]

Mas, com o fim do regime soviético, a Armênia declarou-se soberana e, juntamente com sua soberania, adveio um tratamento intenso e sentimentos cruéis contra a etnia curda, mudando drasticamente a sua situação em tal região.[163]

Logo após sua independência, no ano de 1991, o desejo dos governantes armênios era tornar seu país homogêneo, ou seja, desejavam promover uma limpeza étnica, retrocedendo em relação aos direitos das minorias que no país se encontravam.

Diante do exposto, para o alcance do objetivo acima citado, selecionou-se o principal obstáculo à sua conclusão: a existência de 2% da população armênia que não eram, etnicamente, considerados nem armênios, nem cristãos[164] (religião predominante no país). Dentre as minorias, destacavam-se os curdos muçulmanos e yazidis, os quais, etnicamente, também são considerados curdos, só que possuem uma crença religiosa e um desenvolvimento socioeconômico peculiares.[165]

---

[161] HASRATIAN, M. The Kurds in the URSS and in the CIS (A Brief Account). *Iran and the Caucasus*, 2(1), 39-47, 1998.

[162] MÜLLER, D. The Kurds of Soviet Azerbaijan, 1920-91. *Central Asian Survey*, vol. 19, n. 1, p. 41-77, 2000.

[163] BRITANNICA, The Editors of Encyclopaedia. Kurd. *Encyclopedia Britannica*, 17 Dec. 2019. Disponível em: https://www.britannica.com/topic/Kurd. Acesso em: 29 de abril de 2021.

[164] SHEHADI, Lemma. Yazidi bleeding hearts: The fragility of Armenia's largest ethnic minority. Independent. Disponível em: https://www.independent.co.uk/news/world/yazidi-armenia-ethnic-minority-nagorno-karabakh-conflict-b1203313.html. Acesso em: 03 de maio de 2021.

[165] Em relação aos yazidis, cabe o destaque: *The Yazidis, in the same way as other primordial groups, have been often perceived as closely-knit, self-contained and inward-looking communities. Hence the few available studies on the Yazidis have generally tended to view them as a rigid social and cultural*

Em decorrência da ascensão do nacionalismo armênio, o governo incentivou, numa tentativa desenfreada de eliminar todo esse contingente minoritário, a luta entre essas duas repartições curdas – muçulmana e yazidi.

Este incentivo assumiu várias formas. A primeira delas se fez por meio de jornais, onde os editores armênios declaravam que os curdos yazidis não eram realmente curdos, mas sim pessoas com uma procedência totalmente diferente de suas reais. Tais declarações resultaram em grandes protestos pelos intelectuais curdos, tendo especial relevância o discurso feito por S. Kotsyoy, assim publicado no jornal *Voice of Kurdistan*[166]:

> [...] Quer sejam deliberadas ou não, as ações na Armênia estão designadas para colocar os curdos yezidi contra os curdos muçulmanos. Além disso, os yezidis se consideram curdos, devendo levar este sentimento por si só em conta. Durante o censo de 1989, os yezidis foram classificados, tendo sido sua origem considerada como desconhecida. A palavra "Yezidi" foi usada para qualificar a nacionalidade de muitos yezidis curdos e, mesmo assim, o governo recusou em mudar seus passaportes. Estas ações causaram muitas dificuldades internacionais. Quase todos os yezidis e seus líderes se consideram como curdos e rejeitam tal artificial divisão da nação curda. Eu considero o caso da injusta separação dos yezidis do povo curdo um absurdo.

Neste mesmo contexto de nacionalismo exacerbado armênio, negando qualquer outro tipo de etnia em seu território, fora criada o jornal Punik. Tal jornal veio a ser criado especificadamente para veicular propagandas contra os curdos por todo o país. Um exemplo de publicação desse jornal

---

entity somewhat ossified by its heterodox religious creed. To a certain ex tent this can be considered as a reproduction of cliches which are a clear legacy of a body of knowledge on the community which was produced by Western scholars, travellers, journalists and amateurs in the 19th and early 20th centuries. The literature of the period was either descriptive and focused on Yazidi rituals and beliefs, or sought to explain the origins of the Yazidi religion by approaching it as a coherent and scripturalist belief-system. This served to decontextualise the study of the various Yazidi communities from the socio-economic and political structures in which they were embedded. Further, little attention has been paid to different cultural milieux which have been central to the survival and reproduction of Yazidi religious solidarities for centuries. As a consequence this has generally precluded the recognition of the importance of an historical understanding of the community. From today's perspective this understanding is central to define processes through which Yazidi solidarities have been articulated over time. FUCCARO, Nelida. **The Other Kurds – Yazidis in Colonial Iraq**. London: I.B. Tauris, 1999. p. 2

[166] KURDISH MEDIA. **United Kurds Voice**. Disponível em: <http://www.kurdmedia.com>. Acesso em: 13 de maio de 2021.

é a seguinte: "[...] Yazidis consideram um insulto serem chamados de curdos. Já os curdos, veem os yazidis e os armênios como povos impetuosos e não aceitam, seque, um copo de água de suas mãos."[167] Conjugado a tais declarações, o jornal também acusou os curdos muçulmanos[168] da participação no genocídio armênio, que ocorrera na Turquia, entre os anos de 1915 e 1918.

Constata-se que o Punik pretendeu falar em nome dos curdos yazidis sem o seu consentimento. Além disso, o jornal, por vezes, veio a criticar os yazidis que se consideravam curdos, por assim relatar: "[...] Se eles acreditam que são realmente curdos, é problema deles. Nós conhecemos os yazidis como yazidis, pois a literatura clássica faz uma clara distinção entre os curdos e tal povo. Além disso, todos os nossos amigos estão no meio dos yazidis."[169]

Ademais, os yazidis na Armênia vêm, desde então sofrendo violações inaceitáveis: vivem em vilas isoladas, fora do manto do direito, sem acesso à educação em seu próprio idioma e sem instalações de saúde adequadas[170]. Até hoje, não sequer um representante yazidi na Assembleia Nacional e não são considerados como refugiados ou qualquer outra proteção específica. Ademais, ainda estão envoltos de muito preconceitos, uma vez que muitos acreditam que tal étnica possui crenças "satânicas".[171]

Ainda, destaca-se que numa atmosfera carregada de sentimentos nacionalistas, o então presidente do Instituto Curdo de Paris[172], Kendal Nezan,

---

[167] COMMISSION DES RECOURS DES REFUGIES. **Les Kurdes Yézidis en Arménie**. Disponível em: <http://www.commission-refugies.fr/IMG/pdf/Armenie-_les_Kurdes_yezidis.pdf>. Acesso em: 16 de maio de 2021.

[168] É fato que alguns fanáticos religiosos curdos participaram do massacre, mas, da mesma maneira, outros curdos não mediram esforços em tentar salvarem o povo armênio de tal genocídio.

[169] COMMISSION DES RECOURS DES REFUGIES. **Les Kurdes Yézidis en Arménie**. Disponível em: <http://www.commission-refugies.fr/IMG/pdf/Armenie-_les_Kurdes_yezidis.pdf>. Acesso em: 16 de maio de 2021.

[170] *Throughout history, the Yazidis have suffered from systematic destruction, deprivation of their religious and socioeconomic rights, and other human rights violations. This community has experienced multiple traumas on both the individual and collective levels.* VERVERS, Mija; NARRA, Rupa. The 2014 Yazidi genocide and its effect on Yazidi diaspora. **The Lancet**, Vol. 28, 2017. p. 1946

[171] McINTOSH, Ian S. A Conditional Coexistence: Yezidi in Armenia. **Cultural Survival Quartely Magazine**. Disponível em: https://www.culturalsurvival.org/publications/cultural-survival-quarterly/conditional-coexistenceyezidi-armenia. Acesso em: 13 de abril de 2021.

[172] O Instituto Curdo de Paris foi criado em 1983, sendo uma organização cultural independente, não-política e laica, que reúne os intelectuais e artistas curdos de diversos horizontes

reivindicou, por meio de uma carta cuidadosamente elaborada ao Presidente da Armênia, que fossem restringidos os ataques contra os curdos e sua inteligência. Tal pedido fora mais um motivo de discórdia, gerando contornos lastimáveis, tal como o ataque, pelos nacionalistas armênios, ao departamento de Curdologia, da Universidade de Yerevan. Os principais veículos de comunicação, manifestaram-se opiniões do seguinte teor:

> [...] Ninguém poderia esperar não outra reação que não fosse a raiva quando alguns políticos curdos, convidados pela Armênia para a difusão da literatura, como por exemplo, o diretor do Instituto Curdo de Paris, KENDAL NEZAN, encorajou o sentimento antiarmênio, espalhando o mito que fora forçada a migração de 20.000 curdos muçulmanos e a escravização de mais de 50.000 curdos yezidis Também, representantes dos yezidis curdos não se opuseram a essas declarações.[173]

Neste contexto, muitos curdos que ainda se encontravam na Armênia vieram a buscar refúgio em outros países, especialmente na Rússia. Jornalistas do *Voice of Kurdistan*[174] visitaram algumas cidades que os curdos se encontram e reportaram que este povo veio a perder todos os direitos civis, tornando-se uma segunda classe de cidadãos.

Este jornal também publicou cartas de curdos que se encontram na Rússia, clamando por ajuda. As mais frequentes perguntas dos curdos são: "qual é o significado de nacionalidade num Estado civilizado? Por que o governo continua recusando ceder nosso registro?"[175]. Ainda segundo este jornal, as crianças são as primeiras vítimas de tal diáspora e violações, pois tendo uma péssima educação na Armênia, elas mal falam russo e são impossibilitadas de continuarem seus estudos no mesmo nível que outras crianças de sua faixa etária. Mesmo nos locais em que os curdos armênios possuem *status* de refugiados, após já terem enfrentado situações desumanas e inimagináveis, sofrem, novamente, uma intolerável discriminação.

---

e, também, especialistas ocidentais sobre o mundo curdo. INSTITUT KURD. Disponível em: <http://www.institutkurde.org/institut/>. Acesso em: 28 de abril de 2021.

[173] KURDISH MEDIA. **United Kurds Voice**. Disponível em: <http://www.kurdmedia.com>. Acesso em: 13 de maio de 2021.

[174] VOICE OF KURDISTAN. Disponível em: http://www.voiceofkurdistan.com. Acesso em: 07 de abril de 2021.

[175] KURDISH MEDIA. **United Kurds Voice**. Disponível em: <http://www.kurdmedia.com>. Acesso em: 13 de maio de 2021.

Os curdos armênios esperam, ansiosamente, que não apenas a Armênia, mas toda a sociedade internacional possa vir a escutar seus clamores e venha-lhes oferecer uma vida digna a suas gerações futuras, uma vez que todo o sofrimento passado pela atual geração ultrapassa qualquer tolerabilidade humana.

1.1.6. Curdos no Azerbaijão

O Azerbaijão, um Estado também localizado no Cáucaso, vem se desenvolvendo, em termos socioeconômicos, nos últimos anos, guardando, frente à diversidade étnica, os seguintes números (2019)[176]: 91% de sua população é de origem azerbaijana; 2% de origem lezguianos; 1,3% de russos; 1,3% de armênios; e 3.8% de outras etnias, estimando-se, dentre estes, que 0.1% correspondam aos curdos.

O desenvolvimento político do Azerbaijão sofreu com a existência de um abismo em sua sociedade: de um lado, a elite europeizada; do outro, as massas tradicionais. Os primeiros voltaram-se contra a influência turca naquele território, enquanto as massas permanecerem indiferentes em relação ao domínio estrangeiro. Ademais, a ideia de concretizar um Estado-nação, soava como uma propaganda comunista, sendo que, durante muito tempo, o nacionalismo não imperou naquela sociedade, tendo ocorrido, então, uma derrocada da república do início do século XX relativamente fácil.[177]

Assim, a exemplo que se passou na Armênia, o Azerbaijão também teve parte de sua história marcada pelo – hoje extinto – regime da União Soviética, quando, então, em 1922, caiu ao seu domínio[178]. Novamente, a vida daqueles curdos que ali habitavam seguiu algumas peculiaridades advindas desse regime.

Documentos indicam que os curdos chegaram ao Azerbaijão no século 9 d.C., e, hoje, representam um número entre 6.100 a 13.000, apesar de algumas outras fontes indicarem uma população curda superior a 200.000 pessoas – uma vez que muitos curdos assumiram a identidade azerbaijana[179].

---

[176] SILAEV, Evgeny Dmitrievich; SUNY, Ronald Grigor; HOWE, G. Melvyn; ALLWORTH, Edward. Azerbaijan. **Encyclopedia Britannica**. Disponível em: https://www.britannica.com/place/Azerbaijan. Acesso em: 9 de maio de 2021.

[177] SWIATOCHOWSKI, Tadeusz. **Russian Azerbaijan, 1905-1920 – *The shaping of national identity in a muslim community***. Cambridge: Cambridge University Press, 2004.

[178] TABAK, Husrev. The Sovietization of Azerbaijan: The South Caucasus in the Triangle of Russia, Turkey and Iran, 1920-1922. **Insight Turkey**, v. 21, Issue 4, 2019.

[179] MINORITY RIGHTS GROUP INTERNATIONAL. **Azerbaijan – Kurds**. Disponível em: https://minorityrights.org/minorities/kurds/. Acesso em: 7 de abril de 2021.

Desde os primórdios de sua existência no país, os curdos habitam as montanhas do Cáucaso, localizadas a sudeste da Rússia, entre o Mar Negro e o Mar Cáspio. Também, encontram-se em número considerável nas cidades de Kelbajar, Lachin, Mikend, Zangelan e na região territorial de Nargono Karabakh (onde se instituiu o *Red Kurdistan*), localizada a fronteira entre a Armênia e o Azerbaijão[180]. A etnia curda azerbaijana segue, em sua maioria, a religião muçulmana, em sua linhagem sunita e possui fortes valores familiares e nas tradições de suas tribos, vindo a persistirem mesmo após as inúmeras repressões que em tal país sofreram.

Em relação ao seu histórico atrelado ao relacionamento com o governo daquele território, remonta-se ao ano de 1920. Naquele momento, os curdos que viviam no Azerbaijão desfrutaram muito mais de um regime de assimilação que de violação, uma vez que, naquele ano, foram alocados em uma região autônoma localizada ao oeste do país, denominada de *Red Kustistan*.[181]

O *Red Kurdistan* foi uma região autônoma que se desenvolveu entre os anos de 1920 a 1929, localizada no próprio Azerbaijão. Consistia em 25 vilas, em uma área de 5.200 quilômetros quadrados, entre a Armênia e a ex-autônoma região de Nagorno Karabakh, sendo que sua capital era a cidade de Lachin.[182]

Na realidade, tal instituição não gozava de uma autonomia absoluta, uma vez que era controlada pelo regime soviético. Apesar disso, tem-se a ideia de região autônoma pelo fato de os curdos terem exercido, ali, sua própria autodeterminação, não sofrendo qualquer tipo de repressão na citada zona territorial por parte do governo azerbaijano.[183]

Nesse sentido, o *Red Kurdistan* fora criado, em 7 de julho de 1923, por meio de um Comitê Especial, estabelecido pelas autoridades soviéticas para atrair a simpatia do povo curdo que se encontrava no Cáucaso, no Irã e na Turquia. Relata-se, ainda, que a língua mais utilizada na localidade autônoma era o azeri, e não o kurmanji – língua oficial curda –, mas, mesmo assim, os curdos representavam 73% do total da população que ali se encontrava.[184]

---

[180] MINORITY RIGHTS GROUP INTERNATIONAL. **Azerbaijan – Kurds**. Disponível em: https://minorityrights.org/minorities/kurds/. Acesso em: 7 de abril de 2021.

[181] BOLUKBASI, Suha. **Azerbaijan – A Political History**. London: I.B. Tauris, 2011.

[182] YILMAZ, Harun. The Rise of Red Kurdistan. **Iranian Studies**, 47:5, 799-822, 2014.

[183] MÜLLER, Daniel. The Kurds of Societ Azerbaijan, 1920#91. **Central Asian Survey**, 19:1, 41-77, 2010.

[184] WORKERS' LIBERTY. *The 1920s "Red Kurdistan"*. Disponível em: https://www.workersliberty.org/story/2021-06-21/1920s-red-kurdistan. Acesso em: 06 de maio de 2021.

A história conta que fora Lênin, pessoalmente, quem expressou uma ordem para que fosse estabelecido o *Red Kurdistan*. Conforme Müller transcreveu, o primeiro escrito de Lenin sobre a região ocorreu em 17 de novembro de 2021, assim estabelecido:

> To Baku, to the Chairman of the Council of People's Commissars of Azerbaijan Narimanov:
> I wish that the newly opened Azerbaijani State Bank may be a steadfast support of the New Economic Policy in the hands of the workers and farmers of the brotherly Soviet republic. The gift of 40 million roubles to the hungering of the Volga region and of Kurdistan is the best sign of the readiness to march under the banner of the Red International of workers. The Chairman of the Council of People's Commissars of the RSFSR.[185]

O estabelecimento da região e a limitada autonomia curda na região durou pouco, vindo a se extinguir em 8 de abril de 1929, uma vez que o sexto Congresso Soviético do Azerbaijão autorizou a reestruturação de tal faixa territorial e permitiu a unidade da administração.[186]

Mesmo assim, uma nova tentativa de autonomia ocorrera em 30 de maio de 1930, quando o Comitê Executivo Central do Azerbaijão estabeleceu o *Kurdisanski Okrug*, tendo a sua capital, novamente, na cidade de Lachin. A instituição fora um fracasso, vindo a durar apenas dois meses, quando então o Comitê Executivo Central Soviético eliminou, momentaneamente, qualquer pretensão curda em conseguir uma extensão territorial autônoma.[187]

Questões geopolíticas vieram a ser as mais importantes razões para a abolição de qualquer território curdo autônomo. Nos anos de 1930 e seguintes, importantes mudanças políticas globais vieram a ocorrer, tal como a chegada ao poder dos nazistas, na Alemanha, a iminência de uma guerra entre a União Soviética e a Alemanha e, tradicionalmente, as eventuais desavenças entre Turquia e Alemanha. Nesse contexto, as autoridades soviéticas planejaram uma nova identidade aos azerbaijanos: o que o Kremlin tinha em mente era cortar qualquer eventual discórdia entre o Azerbaijão e a Turquia. Por esta razão, não apenas a existência do *Red*

---

[185] MÜLLER, Daniel. The Kurds of Societ Azerbaijan, 1920#91. **Central Asian Survey**, 19:1, 41-77, 2010. p. 48
[186] SHAKHBAZYAN, G. ***Russia and the problem of Kurds***. Disponível em: https://web.archive.org/web/20120212203207/http://www.rau.su/observer/N21_93/21_09.HTM. Acesso em: 07 de abril de 2021.
[187] YILMAZ, Harun. The Rise of Red Kurdistan. **Iranian Studies**, 47:5, 799-822, 2014.

Kurdistan, mas também a própria existência curda no Azerbaijão se colocou um xeque, uma vez que a política turca era – e continua sendo – totalmente contrária aos curdos.[188]

Essa relativa autonomia curda foi banida por Stalin, entre os anos de 1937 a 1938, quando se implantou, por Mircefer Bagirov[189] – líder comunista no Azerbaijão Soviético – um regime de intensa repressão e brutalidade contra os curdos. No período em questão, as escolas que professavam em curdo foram fechadas, todas as publicações nessa mesma língua foram, também, proibidas. Milhares de curdos da cidade de Nakhchivan e do território do antigo *Red Kurdistan* foram deportados para as repúblicas da Ásia Central, sem poderem reivindicar quaisquer de seus direitos, uma vez que todos eles foram ignorados. Os curdos ficaram à mercê da vontade dos governos dos países que encontraram abrigo, não podendo sequer exercer a sua própria autodeterminação.[190]

Após a morte de Stálin, houve o retorno de algumas famílias curdas ao Azerbaijão, mas a deplorável situação e sua qualidade de vida não teve qualquer mudança. Pior do que isso, o governo azerbaijano se encarregou de promover uma política de limpeza étnica, removendo qualquer traço cultural curdo da sociedade em questão. Prova disso é fato que, em 1979, o senso realizado no Azerbaijão não identificou nenhum curdo no país; figuras históricas curdas foram consideradas azerbaijanos e os curdos que possuíam, no passaporte, tal nacionalidade, foram obrigados a alterarem para azerbaijano.[191]

---

[188] BABAYAN, David. *The Red Kurdistan:* geopolitical aspects of formation and abolishment. Disponível em: <http://www.noravank.am/?l=3&d=12&f=263#7_t>. Acesso em: 15 de maio de 2021.

[189] (...) *Bagirov thought the Kurdish aspiration could be achieved within Azerbaijani autonomy. But the Kurdish delegation rejected the idea and insisted on having their own state. The Baku government was aware of the fact that the British and Turks were not going to recognize a Kurdish state and beside that the Baku's long term plan was a unified Azerbaijan. Therefore, she was more sympathetic of her cousins in south of Araz River than the Kurds.* ARAZ, D. Socio-economic Conditions Before 1945 in Azerbaijan. **Turcoman Int**. Disponível em: https://turcoman.net/turk-world-articles/content-pages-2/socio-economic-conditions-before-1945-in-azerbaijan/. Acesso em: 5 de junho de 2021.

[190] BOLUKBASI, Suha. *Azerbaijan – A Political History.* London: I.B. Tauris, 2011.

[191] KRIKORIAN, Danny. *Ethnic Exclusion & Conflict in the Caspian: Comparing Kazakhstan & Azerbaijan.* 2018. Dissertação (Master's in Political Science) – University of Central Florida, 2018.

Apesar de todas as violações claras aos direitos humanos, essenciais a uma vida digna, continua pertinente a afirmação que o maior desastre para a etnia curda, tendo em vista tais direitos, foi a Guerra de Karabakh. Tal acontecimento desenrolou-se em 1988, tendo em um dos polos o Estado da Armênia e, no outro, o Azerbaijão. O motivo norteador de tal conflito era a região de Nagorno Karabakh – onde se localizava o *Red Kurdistan* –, tendo em vista que os armênios reivindicavam sua anexação ao seu próprio território.[192]

Apesar dos curdos não terem sido os autores da guerra, nos anos de 1992 e 1993, foram eles quem sofreram suas consequências: todas as instalações curdas foram ocupadas pelas forças armênias, com suporte militar russo e com a vitória da Armênia, os habitantes curdos dessa porção territorial foram expulsos de suas terras e disseminados por diferentes partes do Azerbaijão.[193]

A gravidade da situação é tamanha que persiste até hoje a situação dos curdos viverem em situações precárias de vida, em instalações temporárias de péssimas condições, esperando o momento que se faça possível o retorno a sua terra natal, ou seja, o retorno a Nagorno Karabakh.[194]

O problema dos curdos que habitam o Azerbaijão vai muito além, uma vez que a negociação entre o Azerbaijão e a Armênia, sobre o território de Nagorno Karabakh e os curdos que ali viviam, está longe de encontrar uma solução pacífica. Também, devido à retirada de traços curdos da cultura local, observa-se a dificuldade em se conseguir promover e, especialmente, proteger a cultura e a língua curda entre os jovens.

Conclui-se que, nesse país, os curdos são marginalizados pelo próprio regime, o qual não lhes reconhece o mínimo de direitos humanos e, consequentemente, faz com que a vida curda seja uma luta diária pela sobrevivência.

---

[192] *The November 1988 disturbances led to considerable violence against Armenians, and was paralleled by anti-Azerbaijani riots in Armenia. As a result, that month saw the first large population exchange between the two republics, with more than 150,000 people fleeing in each direction, inevita- bly fueling nationalist sentiment in both republics with accounts of their experiences.* CORNELL, Svante E. ***Azerbaijan since Independence***. New York: M.E. Sharpe, 2011. p. 51

[193] MINORITY RIGHTS GROUP INTERNATIONAL. **Azerbaijan – Kurds**. Disponível em: https://minorityrights.org/minorities/kurds/. Acesso em: 7 de abril de 2021.

[194] MINORITY RIGHTS GROUP INTERNATIONAL. **Azerbaijan – Kurds**. Disponível em: https://minorityrights.org/minorities/kurds/. Acesso em: 7 de abril de 2021.

1.2. Elementos conclusivos: uma primeira análise

A partir do exposto sobre a condição do povo curdo na Turquia, Iraque, Irã, Síria, Armênia e Azerbaijão, deve-se, de maneira fundamental, buscar meios jurídicos que sirvam de instrumentos para que tal etnia venha a conquistar uma vida digna, decente e justa nestes territórios.

Uma vez que a condição curda vem a ser precária em todos os Estados citados, não possuindo um regime eficaz de direitos para com o povo curdo, deve-se partir ao encontro de possíveis soluções para a questão, a partir de institutos do Direito Internacional, a partir de sua compatibilização para com o regime jurídico daqueles Estados.

Assim sendo, examinar-se-á questões inerentes à cidadania, surgimento dos Estados, das nações e do nacionalismo, aspectos relevantes sobre os direitos humanos, visando os direitos de minorias étnicas e, fundamentalmente, o princípio da autodeterminação dos povos.

Reafirma-se que todos esses institutos e conceitos mostram-se mais que necessários para o desenvolvimento de propostas que visem a melhoria das condições de vida curda, haja vista sua imprescindibilidade para a eclosão de basilares jurídicos passíveis de alcançarem soluções urgentes para a temática.

2
TEORIA DO ESTADO E O DIREITO INTERNACIONAL: ENFOQUE SOBRE A PROBLEMÁTICA CURDA

2.1. Definição de cidadania no cenário internacional

Neste ponto, tratar-se-á da evolução dos direitos e deveres individuais que surgem a partir do intercâmbio de relações existentes na vida em coletividade, chegando até os dias atuais, onde a cidadania remonta a uma ideia de igualdade civil e política.

E é nesse aspecto que aparece, desde os primórdios, datados na Grécia antiga, entre os séculos VIII a VII a.C., o conceito de cidadania, baseando-se em inter-relações e participações políticas ali existentes, bem como na possibilidade de o indivíduo participar das guerras que, à época, estavam ocorrendo.[195]

Sendo claramente previsível, a definição para a palavra em questão foi, ao longo dos tempos, transformando e solidificando-se cada vez mais no cenário internacional, fazendo com que os aspectos próprios advindos da solidariedade e do universalismo – que pressupõe uma ideia de harmonização, e não uniformidade[196] – fincassem-se em sua concepção.

E, para se entender até onde conseguiu chegar o termo, é importante descrever um breve relato histórico sobre os acontecimentos que influenciaram o desenvolvimento, teórico e prático, da cidadania, tais como a Revolução Inglesa, a Revolução Americana, a Revolução Francesa, o socialismo e, em tempos mais recentes, a globalização.

---

[195] ALKAN, Hilâl; ZEYBEK, Sezai Ozan. Citizenship and objection to military service in Turkey. IN: ISIN, Engin F.; NYERS, Peter Routledge Handbook of Global Citizenship Studies. New York: Routlegge, 2014.

[196] RAMOS, André de Carvalho. *Curso de direitos humanos*. 2.ed. São Paulo: Saraiva, 2015.

Como acaba por ser difícil datar com precisão o início do exercício pleno de cidadania, é relevante começar a discorrer a partir do momento em que esta postura ganha força na sociedade como um todo, sendo tal momento datado a partir das revoluções burguesas, ocorridas majoritariamente nos séculos XVII e XVIII, quando começaram a ser debatidos os privilégios de certas castas da sociedade feudal.

Aqui, os súditos começaram a questionar os princípios que garantiam o sistema estamental de privilégios, o que fazia com que se justificasse a desigualdade entre os homens daquela época. E é momento que se questiona, mais assiduamente, a perpetuação das desigualdades, as quais deveriam, na visão revolucionária, passarem por uma profunda transformação, abandonando a postura do citadino/súdito para se passar ao citadino/cidadão[197].

Nesta perspectiva, a cidadania abraça dois grandes âmbitos, quais sejam: a liberdade e a igualdade. Em outros termos, a cidadania nada mais seria, à época, que a conjunção da garantia, para os estamentos que não possuíam privilégios próprios da sociedade medieval, da liberdade e da igualdade.[198]

A partir de uma perspectiva concreta, e tomando a Revolução Inglesa, ocorrida no século XVII como exemplo, observa-se a sua contribuição no desenrolar do conceito de cidadania a partir das ideias marcantes de Thomas Hobbes, resumidas da seguinte forma:

> Não obstante o seu caráter absolutista, o pensamento hobbesiano já aponta para uma percepção moderna da relação Estado /indivíduos, pois situa o primeiro como fruto da vontade racional dos segundos. Hobbes localiza-se, assim, dentro daquela tradição do pensamento jurídico-político responsável pela edificação "de uma ética racional separada definitivamente da teologia" e que se pretendia garantidora da "universalidade dos princípios da conduta humana" – o jusnaturalismo.[199]

Considerando o entendimento acima, Hobbes inaugura um pensamento cujo qual coloca o indivíduo em um patamar mais elevado, não sendo apenas observador das ações despóticas do Estado, podendo-se pensar, num aspecto bem primitivo, como o depósito de certos direitos de cidadania nesse próprio indivíduo.

---

[197] PINSKY, Jaime; PINSKY, Carla Bassanezi. **História da cidadania**. São Paulo: Contexto, 2003.
[198] BALIBAR, Étienne. **Citizenship**. Cambridge: Polity Press, 2015.
[199] PINSKY, Jaime; PINSKY, Carla Bassanezi. **História da cidadania**. São Paulo: Contexto, 2003. p.129.

Há de ser destacado, também, que em termos gerais, nas democracias ocidentais, a teoria do liberalismo alçou voos jamais outrora alcançados pelo socialismo: a partir de Locke, registrou-se uma grande ênfase nos direitos baseados no indivíduo, deixando à mercê os coletivos. Assim, com a eclosão do *Bill of Rights* inglês, no final do século XVII, a cidadania acabou por estabelecer-se em estruturas individualistas e liberais.[200]

Lembra-se ainda que é no *Bill of Rights* que se deu origem à cidadania liberal, a qual fora uma grande conquista, mas, ainda assim, um tanto quanto excludente, por privilegiar apenas a liberdade e a igualdade formal (igualdade perante e conforme a lei), como se pode notar:

> A cidadania liberal, no entanto, foi um primeiro – e grande – passo para romper com a figura do súdito que tinha apenas e tão somente deveres a prestar. Porém, seus fundamentos universais ("todos são iguais perante a lei") traziam em si a necessidade histórica de um complemento fundamental: a inclusão dos despossuídos e o tratamento dos "iguais com igualdade" e dos "desiguais com desigualdade". Para tal fim, por uma "liberdade positiva", é que virá à tona nos séculos vindouros a luta por igualdade política e social, tarefa árdua a ser conquistada não mais pelos liberais, mas regularmente contra eles, pelas forças democráticas e socialistas. Uma luta contínua que não cessa até o tempo presente.[201]

Percebe-se que fora a partir da Revolução Inglesa que se estabeleceram as bases para a cidadania – aos moldes ocidentais – vir a ser moldada, ainda que necessitasse de um âmbito de aplicação além da Europa insular. Assim, incorporaram-se tais ideias de cidadania, ainda que de forma rudimentar, à Revolução Americana, ocorrida entre os anos de 1765 e 1783.

Como não poderia deixar de ser, a Revolução Americana acabara por ser um marco para o então pautado conceito de cidadania, pois fez com que, a partir da Declaração de Independência dos Estados Unidos, houvesse a afirmação que todos os homens foram criados iguais e dotados de direitos inalienáveis.[202]

---

[200] ISIN, Engin F.; TURNER, Bryan S. **Handbook of Citizenship Studies**. London: SAGE Publications Ltd., 2002.
[201] PINSKY, Jaime; PINSKY, Carla Bassanezi. **História da cidadania**. São Paulo: Contexto, 2003. p.138.
[202] WOOD, Gordon. *The creation of American Republic, 1776 – 1787.* Chapel Hill: University of North Caroline Press, 1969.

Obviamente, a definição advinda a partir daí possuía diversos pontos questionáveis e limitados, os quais deveriam vir a serem aprimorados ao longo do tempo. É nessa limitação que se pontua que o termo cidadania foi criado em meio a um processo de exclusão, onde dizer quem era cidadão seria uma maneira de eliminar a possibilidade da maioria participar, garantindo os privilégios de uma minoria. Nesta perspectiva, deve-se ter em mente, então, que examinar o conceito de cidadania como um processo de inclusão total é uma leitura contemporânea (ou deveria ser).[203]

Neste ponto histórico, imprescindível acaba por ser a observância que o princípio norteador da cidadania aí inserida é o que afirma que todos os homens foram criados iguais, devendo esse ser o objetivo de entendimento em todos os povos, tanto em seu interior, como para com outros povos. Ou seja, partindo-se da premissa, novamente, de uma liberdade nos contornos da lei, tendo como parâmetro a igualdade formal.

A partir de 1790, quando então os Estados Unidos promulgaram sua primeira lei sobre nacionalidade, estabeleceu-se que *free white persons* (pessoas livres e brancas) poderiam adquirir a cidadania, se porventura estivessem morando naquele Estado por pelo menos dois anos e tivessem bom caráter. De tal forma, de maneira extremamente discriminatória e preconceituosa, a emergência da cidadania não abraçou todas as parcelas societárias, especialmente as pessoas escravizadas e a população nativa.[204]

Apesar do calamitoso aspecto histórico do nascimento da cidadania nos Estados Unidos, evidencia-se que a democracia estadunidense permite que a garantia da cidadania se debruce em um sistema confirmatório, sendo que o problema acaba por não estar no sistema, mas sim frente à aplicação prática em alguns contextos que ainda perpetuam tais desigualdades e não legitimam que algumas pessoas adquiram a cidadania em território estadunidense – especialmente se se pensar em termos de crise migratória em tempos recentes.[205]

---

[203] KYMLICKA, Will; NORMAN, Wayne. *Citizenship in Diverse Societies*. Oxford: Oxford University Press, 2000.

[204] BLAKEMORE, Erin. Why the United States has birthright citizenship. **History**. Disponível em: https://www.history.com/news/birthright-citizenship-history-united-states. Acesso em: 05 de maio de 2021.

[205] BUIKEMA, Rosemarie; BUYSE, Antoine; ROBBEN, Antonius C.G.M. *Cultures, Citizenship and Human Rights*. London: Routledge, 2020.

Ainda nesta cronologia histórica, pode-se dizer que é na Revolução Francesa que se constatam pontos de suma importância para a definição da cidadania que estava surgindo: liberdade, igualdade e fraternidade. Além disso, é neste período histórico que se tem o advento da Declaração de Direitos do Homem e do Cidadão (1789), objetivando uma relativa igualdade a todos os membros de diferentes classes sociais, segundo o tratamento despendido por terceiros ou pelo próprio governo. Lembra-se que essa igualdade estava baseada em uma desigualdade e garantida apenas àqueles que eram considerados sujeitos de direitos.[206]

Ressalta-se que esta declaração fora um passo significativo no processo que visava transformar o homem comum em cidadão, cujos direitos civis lhe são garantidos por lei. Ainda que imperfeita, pode-se percebê-la como o primeiro documento da era moderna que traz, consigo, a ideia da universalidade de direitos – ainda que tal universalidade não se atenha a todas as classes sociais e gêneros.

Ocorre que, até aqui, o que se pôde observar fora, majoritariamente, o desenvolvimento de uma estrutura à cidadania pautada em um individualismo e liberalismo latentes, cujos quais, muitas vezes, tornam o instituto excludente. Assim, a partir da eclosão, no século XX, dos reclames de direitos sociais, a cidadania vem a ganhar novo formato, abarcando também uma ideia central de coletividade, e não apenas individualidade.

Assim, em 1950, T. H. Marshall[207] desenvolve o conceito de cidadania social, cuja qual, a partir do trabalho organizado e da proteção dos indivíduos contra os riscos associados à condição proletária, garantiria o reconhecimento da inclusão social e educacional, o trabalho assalariado e a renda a partir da redistribuição da propriedade.

Por questionar veementemente a estrutura societária do capitalismo, bem como os seus valores, não se permitiu, especialmente nos países ocidentais, o avanço e sequer a concretização da então chamada cidadania social. Ainda assim, frisa-se ter sido sua grande contribuição o desenvolvimento dos direitos sociais, buscando o estabelecimento de uma ordem social, com a inclusão, sem qualquer distinção, dos trabalhadores nos direitos de cidadania. Emerge, então, aqui, a chamada igualdade material na cidadania – ou, em última análise, a equidade.

---

[206] PIOVESAN. Flávia. *Direitos Humanos e o Direito Constitucional Internacional*. 6ª ed. São Paulo: Max Limonad, 2004.
[207] MARSHALL, T.H. ***Citizenship and Social Class***. London: Cambridge University Press, 1950.

Na atualidade, o fenômeno mais importante que se apresenta e que influi diretamente no desenrolar da cidadania é a globalização[208]. Nesta perspectiva, não se pode inferir, hoje (salvo raríssimas exceções que se consegue, dada a volatilidade da conjuntura, citá-las), que o conceito fique estanque em uma determinada sociedade: a partir de trocas culturais, econômicas, políticas e sociais, em um processo simbiótico, a cidadania vai sendo moldada em plano internacional.

Obviamente que, com tantas interações entre o local e o global, conceitos acabam por serem transformados, tal como ocorre com o de cidadania. Além de enfraquecer os Estados-Nações e trazer consigo a necessidade de flexibilização de sua soberania, a globalização faz com que as pessoas deixem de se vincularem ao seu território apenas, passando, antes de cidadãos nacionais, a serem cidadãos globais, com direitos e deveres de caráter transnacionais, todos pautados em aspectos de solidariedade, fraternidade, igualdade e respeito mútuo. Nesta perspectiva, surgem novas demandas que o Estado deve se adaptar. Assim, passa-se à análise da figura do Estado.

2.2. O surgimento dos estados, sua importância e implicações

Primeiramente, frisa-se que, mesmo tendo características rudimentares, a ideia de Estado já acompanha a humanidade desde a formação dos primeiros clãs, quando então seres humanos, com características semelhantes e vontades comuns, principalmente em relação à ordem e justiça, organizaram-se em sociedades, muitas vezes complexas, em torno de um chefe, para compartilharem o mesmo modo de vida. Fora com o passar dos anos que estas formações sociais foram incrementadas de maneira mais intensa, contribuindo para tal a formação das cidades gregas, dos Impérios ao longo da história, entre outras maneiras de organizações que aprofundaram as bases para o surgimento do Estado como agora se apresenta.[209]

---

[208] *For economists, globalization refers to the expansion of economic transactions and the organization of economic activities across political boundaries of nation states. More precisely, it can be defined as a process associated with increasing eco- nomic openness, growing economic interdependence, and deepening economic integration in the world economy. But globalization is a multi-dimensional phenomenon (Nayyar, 2003). Its implications and consequences are not confined to the economy alone but extend to polity and society. There can be little doubt that the whole is different from, if not greater than, the sum total of the parts.* NAYYAR, Deepak. Globalization and Democracy. ***Brazilian Journal of Political Economy***, vol. 35, n. 3 (140), pp. 388-402, July-September/2015. p. 389

[209] KELSEN, Hans. **Teoria do Direito e do Estado**. 3ª ed. São Paulo: Malheiros, 1998.

Antes de se adentrar às teorias que compõem o Estado que hoje se modela, vale discorrer sobre algumas considerações históricas. De plano, indica-se que fora na filosofia grega quer surgira, pela primeira vez, uma teoria racional do Estado, tendo como seu expoente Platão, em seu livro *República*[210].

Precisa-se que a ideia que viera a ser desenvolvida por Platão era, ainda, muito atrelada a conceitos metafísicos e não corresponde exatamente àquilo que hoje representa a instituição estatal. Apesar de alguns pontos controversos, tal filósofo veio a ter seu reconhecimento nesta seara, uma vez que fora com o desenrolar de suas ideias que se pôde reconhecer a imprescindibilidade do Estado para o desenvolvimento da vida humana, além de ter sido o primeiro a tratar o Estado não apenas como um conhecimento de muitos e diversos fatos, mas sim como um sistema coerente do pensamento. Para melhor compreensão, cita-se:

> Platão insiste que, sem ter encontrado uma verdadeira e mais adequada concepção dos seus deuses, o homem não pode esperar ordenar e regular o seu próprio mundo humano. Enquanto continuamos a conceber os deuses de maneira tradicional, lutando e enganando-se mutuamente, as cidades não deixarão de ser mal governadas. Porque aquilo que o homem vê nos deuses é apenas uma projeção da sua própria vida – e vice versa. Lemos a natureza da alma humana na natureza do Estado – formamos os nossos ideais políticos de acordo com as nossas concepções dos deuses. Uma coisa implica e condiciona a outra. Para o filósofo, para o governante, é de importância vital começar a sua obra nesse ponto.[211]

Do exposto, entende-se que mesmo que a compreensão de Estado, nesse contexto, venha a ser primitiva e contaminada pela própria religião, tem-se as bases para que o conceito se desenvolva em períodos posteriores, uma vez provada que a demanda por uma organização societária já surge nos tempos primórdios, tal como na Grécia Antiga.

Assim sendo, num desenrolar cronológico, avista-se que, na Idade Média, o conceito de Estado aproveitou as bases estruturais semânticas dos filósofos gregos – especialmente às de Platão –, mas acrescentou ele-

---

[210] PLATÃO, **República**. Tradução Maria Helena da Rocha Pereira. 9. ed. Lisboa: Fundação Calouste Gulbbenkian, 2001.
[211] CASSIRER, Ernst. **O mito do Estado**. São Paulo: Códex, 2003. p.90.

mentos cujos foram demandados pela própria realidade da época. O maior nome de destaque, em termos de aprofundamento do conceito de Estado, São Tomás de Aquino.[212]

Na época em questão, discorre-se que a válvula condutora de toda a sociedade vinha a ser os fundamentos religiosos ditados pela própria Igreja, cuja qual conflitava quase que constantemente com o próprio Estado, uma vez que ambas as instituições desejavam exercer o poder supremo sobre os seres societários. A solução encontrada para tal discussão fora, segundo S. Tomás de Aquino, estabelecer que tanto Estado, quanto Igreja, pautassem-se nas leis de justiça. Analisa-se, também, que essas mesmas leis de justiça deveriam estar presente na forma de regência, novamente, do Estado e da Igreja para com os cidadãos. De tal forma, discorre-se:

> S. Tomás de Aquino declarou que os homens são obrigados a obedecer às autoridades seculares, mas que essa obediência é limitada pelas leis da justiça, e que, portanto, os súditos não são obrigados a obedecer a uma autoridade usurpadora ou injusta. A sedição é, na verdade, proibida pela lei divina; mas resistir a uma autoridade usurpadora ou injusta, desobedecer a um "tirano", não tem o caráter de revolta ou sedição, sendo, pelo contrário, um ato legítimo. Tudo isso mostra muito claramente que, a despeito dos incessantes conflitos entre Igreja e o Estado, entre a ordem espiritual e a ordem secular, ambas se encontravam unidas por um princípio comum. O poder do ri é, como diz Wyclif, uma "potesta spiritualis et evangelica". A ordem secular não é meramente "temporal"; possui uma verdadeira eternidade, a eternidade do direito, e, portanto, um valor espiritual próprio[213].

Mais uma vez, avista-se que, também na concepção medieval de Estado, estão inerentes os fundamentos religiosos, sendo ditada, aqui, pela própria Igreja cristã, uma vez que a (suposta) origem divina de tal instituição, à época, era reconhecida e aclamada, garantindo-lhe forças para ser o fio condutor do estabelecimento organizacional da sociedade.

Chega-se, então, à Idade Moderna, quando se tem a eclosão dos ideais de Maquiavel, separando, de forma definitiva, a concepção racional

---

[212] DINIZ, Márcio Augusto de Vasconcelos; ALBUQUERUQE, Newton Menezes de. Teoria do Direito e do Estado em Santo Tomás de Aquino. **Revista Pensar**, Fortaleza, v. 3, n. 3, p. 58-75, Jan. 1995.

[213] CASSIRER, Ernst. **O mito do Estado**. São Paulo: Códex, 2003. p.133.

de Estado de elementos metafísicos e religiosos. Para o teórico, o Estado encontrava-se em completa independência daquilo que não corresponde aos preceitos da existência humana, existindo por si só, como instituição apta – ainda que abstrata – a garantir a organização da vida em sociedade.[214]

> A própria palavra Estado aparece somente ao longo da história moderna: a noção de Estado estava implícita no antigo conceito de cidade, que significava essencialmente corpo político, e mais ainda, no conceito romano de Império. Tal conceito, todavia, jamais foi expresso de maneira explícita na Antiguidade. [...] Na idade barroca, enquanto a realidade do Estado e o sentido do Estado se manifestavam progressivamente como grandes realizações jurídicas, o conceito de Estado surgiu mais ou menos confusamente como conceito de um todo, que se sobrepunha ao corpo político ou que o envolvia, haurindo o poder do alto, em virtude do seu próprio direito natural e inalienável.[215]

Lembra-se que, nesse contexto histórico, os pilares reconhecidos contemporaneamente, para formação dos Estados, fortificaram-se ainda mais: um direito supremo e inalienável; um domínio dos meios coercitivos para serem usados contra os seus cidadãos que porventura infringissem alguma de suas regras impostas; a noção de soberania estatal que, nos primórdios de sua criação, implicava a ideia de ser um poder independente e acima de seus súditos, mas que hoje significa a não obrigação estatal em se curvar diante de nenhum sujeito de direito internacional, se esta não for a sua real vontade. Nesta perspectiva, começa a delinear-se a ideia da soberania de garantia do Estado como detentor de suas próprias vontades, sem qualquer condição anteriormente imposta.[216]

Um Estado, para se firmar no plano nacional e internacional, deve congregar alguns elementos indispensáveis, os quais, de maneira resumida, podem assim serem descritos: seu território, seu povo, seu poder e, primordialmente, sua soberania.

Discriminando a primeira característica, a da territorialidade do Estado, entende-se que, para que haver o seu desenvolvimento de maneira lícita, um determinado povo deve se organizar em um espaço geográfico deter-

---

[214] BOBBIO, Norberto. **Estado, Governo e Sociedade. Fragmentos de um dicionário político**. 21ª ed. São Paulo: Paz e Terra, 2018.
[215] MARITAIN, Jacques. **O homem e o estado**. Rio de Janeiro: Livraria Agir, 1966. p.22.
[216] FERRAJOLI, Luigi. *La democracia a través de los derechos*. Madrid: Editorial Trotta, 2014.

minado, mas, mais importante do que a delimitação geográfica para a caracterização do território, é definir até onde a norma coercitiva de uma sociedade em questão tem validade, configurando-se, assim, o território do Estado. Reunindo todas essas considerações sobre o território do Estado, cita-se as conclusões de Hans Kelsen:

> O território de um Estado não tem de consistir necessariamente em uma porção de terra. Tal território é designado como território "integrado". O território do Estado pode ser "desmembrado". A unidade do território de Estado e, portanto, a unidade territorial do Estado, é uma unidade jurídica, não geográfica ou natural. Porque o território do Estado, na verdade, nada mais é que a esfera territorial de validade da ordem jurídica chamada Estado. Essas ordens normativas designadas como Estado caracterizam-se precisamente pelo fato de suas esferas territoriais de validade serem limitadas. A limitação da esfera de validade da ordem coercitiva chamada Estado a um território definido significa que as medidas coercitivas, as sanções, estabelecidas pela ordem, têm de ser instituídas apenas para esse território e executadas apenas dentro dele. É o direito internacional que determina e, desse modo, delimita as esferas territoriais de validade das várias ordens jurídicas nacionais. Se suas esferas territoriais de validade não fossem juridicamente delimitadas, se os Estados não possuíssem quaisquer fronteiras fixas, as várias ordens jurídicas nacionais, e isso quer dizer, os Estados, não poderiam coexistir sem conflitos. Essa delimitação das esferas territoriais de validade das ordens jurídicas nacionais, das fronteiras dos Estados, tem um caráter puramente normativo. O território do Estado não é a área onde os atos do Estado e, em especial, os atos coercitivos são levados a cabo. O território do Estado é o espaço dentro do qual é permitido que os atos do Estado e, em especial, os seus atos coercitivos, sejam efetuados, é o espaço dentro do qual o Estado e, isso significa, os seus órgãos estão autorizados pelo direito internacional a executar a ordem jurídica nacional. A ordem jurídica internacional determina como a validade das ordens jurídicas nacionais está restrita a certo espaço e quais são as fronteiras desse espaço.[217]

Discutida já a questão territorial, far-se-á breves alusões à questão das fronteiras dos Estados, e, nesse ponto, descreve-se o fato que as frontei-

---

[217] KELSEN, Hans. **Teoria geral do direito e do estado**. São Paulo: Livraria Martins Fontes, 2000. p.299-300.

ras são delimitadas segundo, mais uma vez, o próprio Direito Internacional, por meio de tratados celebrados entre os países que compartilham de territórios próximos.

Acontece que, nem sempre, um Estado acaba por ser estático, podendo ceder – ou até mesmo receber – de outro Estado, parte do território. E, novamente, a cessão acaba por ocorrer mediante o Direito Internacional, com a ratificação de um novo tratado, acabando por ser um ato lícito internacional.[218]

Reconhece-se que nem sempre o trânsito de territórios entre os Estados acontece de modo pacífico e lícito, ou seja, algum Estado pode vir a tomar de outro uma determinada porção de terra sem qualquer tratado, ou até mesmo, pelo uso da força. As consequências dessas e outras atitudes, tais como a anexação, ocupação, segundo a eficácia desses atos, são assim bem esclarecidas:

> Se não existir nenhum acordo entre os Estados em questão, então a ocupação, ou seja, a tomada de posse do território de um Estado por outro Estado, constitui uma violação do Direito internacional, o qual obriga os Estados a respeitarem mutuamente a integridade territorial de cada um. A violação do Direito internacional acarreta as conseqüências previstas por essa ordem jurídica: o Estado cujo direito é violado pela ocupação antijurídica esta autorizado a recorrer à guerra ou a represálias contra o Estado responsável pela violação. Contudo, de acordo com o Direito internacional, ocorre uma mudança territorial se a ocupação feita com a intenção de incorporar o território ocupado ao território do Estado ocupante, assume um caráter permanente, ou seja, se a ordem jurídica do Estado ocupante se torna eficaz para o território em questão. Geralmente fala-se de "ocupação" como um direito de aquisição apenas quando o território não pertencia previamente a outro Estado. Quando, ao contrário, o território pertencia a outro Estado, fala-se de "anexação", tendo-se em mente o caso da conquista, ou seja, o caso da tomada de posse do território inimigo através da força militar em tempo de guerra. A teoria tradicional admite que a anexação do território inimigo ocupado, seja da sua totalidade (subjugação) ou de uma parte dele, constitui aquisição do território por parte do Estado conquistador se a conquista for firmemente estabelecida. Por outro lado, é possível tomar posse, pelo uso da força militar, do território de outro Estado contra sua vontade e sem qualquer resistência

---

[218] Ibidem, p.307.

militar por parte da vítima. Uma vez que um ato unilateral de força executado por um Estado contra outro não é considerado guerra em si, a anexação não é possível apenas em tempo de guerra, mas também em tempo de paz. O ponto decisivo é o de que a anexação, ou seja, a tomada de posse do território de outro Estado com a intenção de adquiri-lo, constitui aquisição desse território mesmo sem o consentimento do Estado ao qual o território pertencia previamente, se a posse for firmemente estabelecida". Se a expansão da eficácia de uma ordem jurídica nacional à esfera territorial de validade de outra ordem jurídica nacional, a anexação eficaz do território de um Estado por outro Estado, implica uma violação do Direito internacional, o Estado culpado, como assinalado, expõe-se às sanções estabelecidas pelo Direito internacional geral ou particular. O fato de o ato de anexação ser antijurídico não impede, porém, que o território anexado se transforme em parte do território do Estado ocupante, desde que a anexação seja firmemente estabelecida. A diferença entre a aquisição de território que tem o caráter de terra de nenhum Estado e a anexação de território pertencente a outro Estado consiste simplesmente no fato de que, no primeiro caso, a ocupação do território que constitui a mudança no *status* territorial segundo o princípio de eficácia é sempre jurídica, ao passo que, no segundo caso, ela é jurídica apenas se for a execução de um tratado de cessão. Se a ocupação que precedeu o tratado de cessão tinha o caráter de uma violação do Direito internacional, o tratado posterior tem a função de legitimar a ocupação. [....] Os diferentes modos de perder território correspondem aos modos de adquirir território e são, como estes, determinados pelo princípio da eficácia. Um modo de perda de território que não corresponde a um modo de aquisição é o estabelecimento de um novo Estado em uma porção do território de um Estado antigo por uma parte de sua população. O fato constitutivo é o de que uma nova ordem jurídica se torna eficaz para um território que, anteriormente, integrava o território de um Estado existente; e que, em conseqüência, a ordem jurídica nacional anteriormente valida deixa de ser eficaz para esse território.[219]

Concluída essa questão, passa-se à análise do povo de um determinado Estado, pois não se pode perder de vista que esse último é uma criação humana e só se faz possível se um determinado conglomerado humano reúne forças suficientes em prol de sua criação.

---

[219] KELSEN, Hans. **Teoria geral do direito e do estado**. São Paulo: Livraria Martins Fontes, 2000. p.308-312.

Precisa-se que, fazendo uma analogia entre território e povo, tendo o Estado apenas um território, terá, também, apenas um único povo. Não obstante, a questão que aqui exige uma análise mais aprofundada é no caso de se saber quais são as implicações que surgem para com o povo quando um determinado território passa para o poder de um terceiro.

Nesta perspectiva, pontua-se que há, de fato, uma perda da cidadania (ou nacionalidade) em termos originários. Ou seja, a parcela territorial que outrora era considerada um Estado, então, não possuí mais seu povo e, por consequência, não há como garantir os direitos inerentes à nacionalidade e sequer a cidadania para com aquele contingente populacional[220]. Assim, caberá ao (suposto) novo Estado garantir a cidadania para esses "novos" nacionais.

> Quando um território é transferido de um Estado para outro, os habitantes que são nacionais do Estado que perdeu o território e que nele permaneceram tornam-se ipso facto nacionais do Estado que adquire o território. Ao mesmo tempo, eles perdem sua antiga nacionalidade. Nesse caso, a aquisição e a perda da nacionalidade são reguladas diretamente pelo direito internacional geral. Os tratados de cessão muitas vezes conferem aos habitantes do território cedido o direito de decidir, por meio de uma declaração chamada "opção", se eles se tornarão nacionais do Estado aquisidor ou se conservarão sua antiga nacionalidade. No segundo caso, eles podem ser compelidos a abandonar o território.[221]

Esclarecido o ponto que diz respeito ao povo de um determinado Estado, é relevante exprimir a importância do tempo nessa mesma instituição em questão, ou seja, o tempo que um Estado existe é o mesmo tempo que sua ordem coercitiva acaba por ser obedecida pelos seus cidadãos. De forma mais esclarecedora:

> Um novo Estado no sentido do Direito internacional passa a existir caso um governo independente tenha se estabelecido proclamando uma ordem coercitiva para um determinado território, e se o governo for eficaz se for capaz de obter obediência permanente a essa ordem por parte dos indivíduos

---

[220] BROWNLIE, Ian. 1997 **Princípios de direito internacional público**. Lisboa: Fundação Calouste Gulbenkian.
[221] KELSEN, Hans. **Teoria geral do direito e do estado**. São Paulo: Livraria Martins Fontes, 2000. p.342.

que vivem nesse território. [...] Para se ter como certo que um Estado deixa de existir é necessário que nenhum outro governo seja capaz de obter obediência permanente à ordem coercitiva valida para o território em discussão. Este pode tornar-se terra de nenhum Estado, parte do território de outro Estado ou parte dos territórios de dois ou mais Estados.[222]

Visto que o aspecto temporal de um Estado está intimamente ligado à força de coerção sobre determinado povo, passa-se a analisar a última e, talvez, a mais relevante característica do Estado nos moldes que hoje se apresenta: a soberania. Essa soberania que se apresenta no Estado contemporâneo é fruto de uma continuidade, de uma evolução semântica, permeando, desde então, a relação entre a teoria jurídica e a teoria do poder.

Nesse tópico, Luigi Ferrajoli elucida: "a noção de soberania remonta ao nascimento dos grandes Estados Nacionais europeus e à divisão correlativa, no limiar da Idade Moderna, da ideia de um ordenamento jurídico universal, que a cultura medieval havia herdado da romana."[223]

Aponta-se que o conceito de soberania já traz implícito alguns pontos que, sem eles, não a deixaria tão consistente, quase sejam: a unicidade, a indivisibilidade, a inalienabilidade, a imprescritibilidade, a impossibilidade de decadência e, como será objeto de estudo adiante, suas peculiaridades no âmbito interno e externo.

Adentrando ao terceiro componente do Estado, tem-se a delimitação de seu poder. Sem questionamento, a sua legitimação abriga a sua própria soberania, mas dada suas peculiaridades e importância neste estudo, far-se-á o exame desta última em capítulo apartado.

A palavra *poder* comporta diferentes significados, a partir da ótica que lhe é inserida. Juridicamente, pode ser entendido como o ordenamento jurídico ao qual há a inserção do homem, ou melhor, dos cidadãos de um Estado. Do ponto de vista político, trata-se de uma terceira pessoa a atuar entre as partes interessadas, ante alternativas distintas a solucionar as suas questões. A partir de um caráter civil, o poder do Estado, em tempos de normalidade, será um poder para a paz, exercido por todos os seus civis; o poder militar encontra-se apartado do referido poder civil e deve subordinação a tal.

---

[222] Ibidem, p.316-317.
[223] FERRAJOLI, Luigi. **A Soberania no Mundo Moderno**. São Paulo: Livraria Martins Fontes, 2002. p.1-2.

Uma feição de extrema relevância vem a ser o poder como monopolizador da coerção, sendo que se assim não o fosse, o próprio Estado desapareceria. Neste sentido é que Kelsen embasa toda sua teoria do poder de um Estado, ao dizer que o referido é, justamente, a composição da validade e eficácia da ordem jurídica de um determinado Estado, compondo e possibilitando a permanência da unidade de seu território e de seu povo. Segundo seus ensinamentos:

> A palavra "poder" tem significados diferentes nesses diferentes usos. O poder do Estado ao qual o povo está sujeito nada mais é que a validade e a eficácia da ordem jurídica, de cuja unidade resultam a unidade do território e a do povo. O "poder" do Estado deve ser a validade e a eficácia da ordem jurídica nacional, caso a soberania deva ser considerada uma qualidade desse poder. (...)[224]

Em decorrência, considerando a teoria geral do Estado, entende-se que o poder vem a ser indispensável em sua conceituação. Explica-se: elemento formador de núcleos sociais, tais como o familiar, o religioso, o profissional, dentro outros, o poder garante, ao Estado, a junção coesa e una de todos os seus outros elementos. São seus delineamentos próprios: capacidade auto organizatória, unidade e indivisibilidade do poder, e soberania[225].

Tendo em vista o aprofundamento das relações entre os Estados, a atual fase do Estado de Direito, o aprimoramento do direito internacional e a globalização – cuja qual acaba por fazer com que todos os acontecimentos tenham força em todos os territórios terrestres –, necessário será agora analisar a soberania em seu plano interno e externo.

Adentrando à soberania interna, pode esta ser entendida como o *poder gerador do direito positivo*[226], significando, em última apreciação, o próprio poder supremo. Em decorrência, nenhum outro poder, dentro dos limites territoriais de um Estado, estará sobre o poder estatal.

Deduz-se, então, que a soberania interna teria, como sua base estrutural, a própria ordem estatal doméstica, pois ali estaria localizado o seu

---

[224] KELSEN, Hans. **Teoria geral do direito e do estado**. São Paulo: Livraria Martins Fontes, 2000. p.364.

[225] Características adotadas por Paulo Bonavides in **Ciência Política**. 10ª Edição. São Paulo: Malheiros Editores, 2004.

[226] LIMA, Antonio Sebastião de. **Teoria do Estado e da Constituição – Fundamentos do Direito Positivo**. Rio de Janeiro: Freitas Bastos, 1998. p. 182.

poder supremo. Dito de outra forma, o poder supremo se daria apenas dentro do território do Estado (nos limites de sua ordem coercitiva).

Nesta visão, a soberania se demonstraria útil e condizente apenas em uma determinada ordem jurídica, tornando-se inútil e insuficiente quando da emergência de um contexto de globalização e de uma sociedade global de Estados. Além disso, nos ensinamentos de Raymond Aron, esta soberania acaba por se tornar perigosa e nociva, visto que *os imperativos jurídicos retiram sua força obrigatória da vontade dos poderes do Estado*[227].

O declínio da soberania interna já se relatara com a Revolução Francesa, quando então, na Declaração dos Direitos do Homem e do Cidadão, de 1789, o poder supremo confrontara-se com ondas crescentes de direitos que fizeram com que esta soberania interna viesse a se esfarelar cada vez mais em prol de outros valores, tais como os direitos humanos. Vislumbra-se o entendimento na seguinte passagem:

> Com a *Declaração dos direitos do homem e do cidadão*, de 1789, e depois com as sucessivas cartas constitucionais, muda a forma do Estado e, com ela muda, até se esvaziar, o próprio princípio da soberania interna. De fato, divisão dos poderes, princípio da legalidade e direitos fundamentais correspondem a outras tanta limitações e, em última analise, a negações da soberania interna. Graças a esses princípios, a relação entre Estado e cidadãos já não é uma relação entre soberano e súditos, mas sim entre dois sujeitos, ambos de soberania limitada. [...] Sob esse aspecto, o modelo do estado de direito, por forca do qual todos os poderes ficam subordinados à lei, equivale à negação da soberania [...].[228]

Discrimina-se o fato da soberania interna estar perdendo seus fundamentos primordiais de existência à medida que o Estado se desenvolve pelos preceitos de direito internacional. Avalia-se, desta maneira, que esta soberania, em sua visão tradicional, não mais se coaduna com a realidade que se encontram os Estados e os próprios avanços da sociedade internacional, a partir de um contexto de globalização e *jus cogens*[229].

---

[227] ARON, Raymond. **Estudos Políticos**. Trad. Sérgio Bath. 2ª Ed. Brasília: UnB, 1986. p. 886.
[228] FERRAJOLI, Luigi. **A soberania no mundo moderno**. São Paulo: Livraria Martins Fontes, 2002. p.28.
[229] Segundo Weatherall, o *jus cogens* abarca, em seu conteúdo, valores e interesses comuns na sociedade internacional. Estabelece, em termos implícitos, que a concepção do *jus cogens* repousa nos elementos da moralidade e universalidade, trazendo, consigo, um legado do

Quanto ao *jus cogens*, vale pontuar ser ele fruto de uma necessária verticalização dos pilares estruturais do direito internacional[230], incidindo na própria postura dos Estados frente às normas deste ramo do direito: vislumbra-se a necessidade de uniformização de determinadas regras, especificamente atreladas ao axioma da paz e aos valores dos direitos humanos.

Concentrando-se na soberania externa – marco referencial deste estudo –, esta vem a ser a própria independência, a não-ingerência de qualquer ordem normativa estrangeira a um determinado Estado soberano. É, de fato, o que garante a igualdade de todos os Estados em plano internacional, possibilitando a horizontalidade nas relações estatais. Em outros termos, deduz-se que a soberania externa garante que cada uma das ordens normativas internas possuam, no campo da sociedade internacional, igual valoração, permitindo que Estados com poderes econômicos diferenciados, sociedades desiguais e até mesmo realidades não conexas tenham, perante aquela, iguais poderes de fato.

Examina-se, na soberania externa, uma busca pelo *equilíbrio de poder* entre os Estados em plano internacional. A partir deste cenário, pode-se entender que a referida soberania tem por excelência buscar a equivalência de poderes, em plano internacional, entre os referidos Estados, ou que *nenhuma potência possui posição de preponderância absoluta e em condições de determinar a lei para as outras*[231].

Identifica-se, ainda que precariamente, a regulamentação da soberania externa a partir de dois documentos: a Carta das Nações Unidas, de 1945, e a Declaração Universal dos Direitos do Homem e do Cidadão, datada de 1948.

Direito Natural. Por fim, realça que a normatividade própria do instituto abarca consequências legais para aqueles Estados que violem a ordem pública caracterizada pelo *jus cogens*, uma vez que, sendo este composto por normas peremptórias, aqueles estão obrigados a cumpri-lo. WEATHERALL, Thomas. **Jus Cogens: International Law and Social Contract**. Cambridge: Cambridge University Press, 2015.

[230] Nesse sentido, explica Cláudio Finkelstein: *o surgimento e afirmação do 'jus cogens' no direito internacional contemporâneo preenche a necessidade de uma verticalização mínima do ordenamento jurídico internacional, erguido sob pilares de onde o jurídico e a ética se fundem. A evolução do conceito de 'jus cogens' transcende hoje o âmbito do Direito dos Tratados e da Responsabilidade Internacional dos Estados ao atingir o direito internacional geral e a base da ordem jurídica internacional.* FINKELSTEIN, Cláudio. **Hierarquia das normas no direito internacional: jus cogens e metaconstitucionalismo**. São Paulo: Saraiva, 2013. p. 279. p. 206.

[231] SCOTT, J. B., **The Classes of International Law: Le Droit des Gens**. Washington: Carnegie Institute, 1916. p. 40.

A partir destes documentos é que se justifica a aplicação do *jus cogens* à soberania externa: ela deixa de ser exercida a partir da total liberalidade dos Estados para se subordinar ao imperativo de paz e à prevalência dos direitos humanos. Quanto aos direitos humanos, se havia dúvidas quanto ao seu caráter impositivo advido da Declaração de 1948, não mais se questiona sua existência a partir dos Pactos, assinados no contexto da ONU, em 1966. A partir de tais, transformam-se os direitos humanos em limitações não apenas internas, mas igualmente externas à soberania estatal.[232]

O que se observa, a partir de então, é que se a soberania interna já havia perdido muito de sua supremacia em prol de determinados direitos, igualmente se observa no caso da soberania externa: por mais que esta ainda hoje permaneça necessária, especialmente quanto á liberalidade do Estado em se obrigar internacionalmente, alguns pontos de sua supremacia foram relativizados em prol dos direitos humanos e do imperativo de paz. É que após o mundo assistir ás atrocidades advindas das duas Grandes Guerras, não mais se demonstrou aceitável impor institutos que não permitissem o seu balizamento em prol da paz e dos direitos de cada cidadão – uma vez que, antes de cidadãos nacionais, estes são, de fato, cidadãos globais, e a comunidade internacional não deve, especialmente em contextos de proteção universal e regional dos direitos humanos, medir esforços para limitar a supremacia estatal, seus governos e suas ordens jurídicas internas em prol do bem da própria humanidade.

Logicamente, neste contexto, existem muitas falhas e problemas ainda sem soluções. O primeiro deles seria, a partir da referida normatização da soberania externa por intermédio do próprio direito internacional, as lacunas existentes, ainda sem soluções concretas, para quando um Estado--membro vier a infringir qualquer um dos direitos por ele reconhecidos, ou, por melhor dizer, quando praticar um ato considerado, na sociedade internacional, ilícito, principalmente no tocante aos direitos humanos e à violação da paz.

Incontestavelmente, o *jus cogens* é um importante ponto de partida para a normatização da comunidade internacional, mas, ainda assim, os Estados, pelo montante de soberania que lhes é própria, podem virem a prever normativas próprias, ou em comum acordo entre eles, por intermédio da cooperação, para fazer valer os direitos humanos em seu interior.

---

[232] FERRAJOLI, Luigi. **A Soberania no Mundo Moderno**. São Paulo: Livraria Martins Fontes, 2002.

Finalmente, cabe ser relatado que, em termos atuais, o Estado passa por uma crise de legitimidade justamente por não conseguir alcançar os anseios impostos por seus cidadãos e por também violar os direitos daqueles que se encontram em seu território e não são considerados seus nacionais. Nesta perspectiva, cabe adentrar à compreensão das nações e do nacionalismo para que se possa chegar ao encontro de uma solução apta a transfigurar tal crise de legitimidade estatal.

2.3. O fenômeno do surgimento da nação e do nacionalismo

De maneira incontestável, importante se faz entender o fenômeno do nacionalismo e das nações, a partir do prévio conhecimento daquilo que fora tratado nos pontos anteriores, quais sejam, os direitos de cidadania e o surgimento dos Estados.

Frisa-se que o nacionalismo é, de forma sucinta, a união dos direitos individuais, a reunião de cidadãos com características em comuns, e que tais concepções só ganharam esse entendimento na era atual. Assim, são essas características, as quais mudaram ao longo de toda a Idade Moderna, que serão tratadas no discorrer desse tópico.[233]

Com isto em mente, passa-se agora a relevantes considerações sobre o entendimento do conceito de nação, assim descrito:

> A palavra nação deriva do latim *nasci*, isto é, da noção de *nascimento*, mas a nação não é algo biológico como a Raça. É qualquer coisa de ético-social: uma comunidade humana baseada no fato do nascimento e da descendência, mas com todas as conotações morais desses termos: elevação à vida da razão e das atividades da civilização, descendência em tradições familiares, formação social e jurídica, herança cultural, concepções e maneiras comuns, recordações históricas, sofrimentos, reivindicações, preconceitos e ressentimentos. Uma comunidade étnica, de modo geral, pode ser definida como uma comunidade de normas de sentimento, radicadas não só no solo físico da origem do grupo, mas também no solo moral da historia. Essa comunidade

---

[233] *El nacionalismo sostiene que están hechos el uno para el otro, que el uno sin el otro son algo incompleto y trágico. Pero antes de que pudieran llegar a prometerse cada uno de ellos hubo de emerger, y su emergencia fue independiente y contingente. No cabe duda de que el estado ha emergido sin ayuda de la nación. También, ciertamente, hay naciones que han emergido sin las ventajas de tener un estado propio. Más discutible es si la idea normativa de nación, en su sentido moderno, no supuso la existencia previa del estado.* GELLNER, Esnest. **Naciones y nacionalismo.** Madrid: Alianza Universidad, 1988. p. 19-20

étnica se torna uma *nação*, quando essa situação de fato penetra na esfera da autoconsciência, em outras palavras, quando o grupo étnico se torna consciente do fato de constituir uma comunidade de padrões de sentimento – ou antes, do fato de ter uma psique inconsciente comum – possuindo a sua própria unidade e individualidade, a sua própria vontade de continuar a existir. Uma nação é uma comunidade de pessoas que se tornaram conscientes de si mesmas, à medida de que a historia as foi formando, que preservam como um tesouro o seu próprio passado, que se unem a si mesmas segundo crêem ou imaginam ser, com uma certa introversão inevitável. [234]

A nação, como se observa, não necessariamente precisa estar regulamentada a partir de leis e do reconhecimento internacional, ou seja, ela existe por si só, pelo simples fato da vontade dos seres, com características e histórias em comuns, sejam elas quais forem, desejando viver de maneira que os diferencie dos outros grupos, formando assim, uma nação por si só.

Vale lembrar que nos primórdios já existiam os primeiros passos para se chegar no conceito hodierno de nação. A partir do momento em que existe um clã, com características em comum, com vontade de repassar suas tradições e cultura, diferenciando-se dos demais, pode-se dizer, de maneira precária e de forma indireta, que já se encontravam as bases para as nações.

Acontece que, apesar de muitos relatos históricos indicarem existência de componentes do nacionalismo, lembra-se que, antes do século XVIII, as pessoas não nutriam um sentimento de nacionalidade ou identidade coletiva, ou nem bem compartilhavam com a ideia de formação de um único povo com traços peculiares que lhes diferenciavam de outro, uma vez que a própria noção de povo, como um dos elementos componentes do Estado, ainda estava a se consolidar.[235]

Descreve-se que o nacionalismo, tal como é conhecido na contemporaneidade, tem fundamentos recentes, datados do século XIX, uma vez que fora evocado, de maneira concreta, nas revoluções ideológicas de tal época, cujas quais vieram a se desenvolver por diversas razões no interior de determinados Estados – provando, assim, que o Estado acaba por ser um fenômeno anterior ao próprio nacionalismo, uma vez que, como já fora visto nesse próprio trabalho, a instituição estatal data o surgimento

---

[234] MARITAIN, Jacques. **O Homem e o Estado**. Rio de Janeiro: Livraria Agir, 1966. p.13.
[235] GEARY, Patrick J. **O Mito das Nações: a invenção do nacionalismo**. São Paulo: Conrad Editora do Brasil, 2005.

de seu conceito nos primórdios dos tempos, mais especificamente na Grécia Antiga.[236]

Deve-se analisar que, apesar do nacionalismo propriamente dito ter sua origem em períodos mais recentes, a identidade coletiva de um determinado aglomerado humano, apesar de ter alterada a sua ideia ao longo dos tempos, veio a se desenvolver anteriormente ao instituto aqui analisado, tal como bem frisa o trecho:

> Em épocas passadas, as pessoas tinham formas diferentes, mas igualmente poderosas, de estabelecer sua identidade, distinguindo-se dos outros e mobilizando essa identidade para fins políticos. Entretanto geralmente temos dificuldades em reconhecer as diferenças entre essas formas mais antigas de percepção da identidade coletivas e as mais contemporâneas, já que, mais uma vez, somos ludibriados pelo próprio processo histórico que tentamos estudar. Usamos os termos "povo", "raça", "etnicidade" e "etnogênese" como se tivessem um significado objetivo e imutável. Embora o modo específico como usamos esses termos seja novo, eles e seus equivalentes têm uma longa história, que começa por volta do século V a.e.c., ou até antes disso[237].

De tal forma, aponta-se que não fora o próprio instituto do nacionalismo que teve seu nascimento em tempos longínquos, mas foram, sim, seus conceitos basilares que se desenvolveram em períodos anteriores. Assim sendo, interessa, para o presente trabalho, a definição de nação e nacionalismo a partir do século XIX, cuja qual surgiu sob a influência da Revolução e do Romantismo, e com a falência da aristocracia do cenário político.[238]

Debate-se que vem a ser, então, no final do século XIX que o conceito de nacionalismo surge com sua força total, segundo as palavras de Raymond Aron:

> No fim do século XIX a nação aparecia aos historiadores e pensadores europeus como um fenômeno tão natural quanto havia sido a cidade para os pensadores gregos. Na nação, a comunidade de cultura e a ordem militar juntam-se para criar a unidade política, ao mesmo tempo *em conformidade com*

---

[236] GELLNER, Esnest. **Naciones y nacionalismo**. Madrid: Alianza Universidad, 1988.
[237] GEARY, Patrick J. **O Mito das Nações: a invenção do nacionalismo**. São Paulo: Conrad Editora do Brasil, 2005. p.57.
[238] GEARY, Patrick J. **O Mito das Nações: a invenção do nacionalismo**. São Paulo: Conrad Editora do Brasil, 2005.

a natureza (pois todos os indivíduos participariam da cidadania) e *ideal*, pois, logo que cada nação realizasse sua vocação, reinaria a paz entre as coletividades, livres e fraternas.[239]

Ainda assim, cabe evidenciar que, segundo Jacques Maritain, as principais características que levam um determinado instituto ser considerado uma nação podem assim serem descritas: a necessidade de se ter – ou ter tido – uma porção territorial; uma língua específica; instituições que não necessariamente as políticas; direitos, sob uma perspectiva de direitos fundamentais e/ou humanos; e determinadas particularidades históricas, que lhes diferencia de outras. Em suas palavras:

> A Nação tem, ou teve, um solo, uma terra – o que não significa, como se dá com o Estado, uma área territorial de poder e administração, mas um berço de vida, trabalho, sofrimento e sonhos. A Nação tem uma língua – embora os grupos lingüísticos nem sempre correspondam aos grupos nacionais. A Nação progride através de instituições, cuja criação, no entanto, depende mais da pessoa e do espírito humano, ou da família, ou de grupos particulares da sociedade, ou do corpo político – do que da própria Nação. A Nação tem direitos, os quais não são mais do que os direitos de pessoas humanas, de participação dos calores humanos peculiares a uma herança nacional,
>
> A Nação tem uma vocação histórica, que não é a sua própria vocação (como se existissem certas mônadas nacionais, primordiais e predeterminadas, cada uma das quais possuísse uma missão suprema), mas que e apenas uma particularização histórica e contingente da vocação do homem ao desenvolvimento e à manifestação de suas múltiplas pontecialidades.[240]

Mais uma vez, remonta-se à ideia que para se ter uma nação, não há a imposição de determinados aspectos regulamentados, apenas uma vontade do povo de perpetuar seus próprios padrões de comportamento e seus valores entre si, os quais diferencia-os de outros povos. E é nessa ânsia de se fazer com que suas semelhanças culturais, linguísticas, religiosas, dentre tantas outras, mantenham-se vivas e difundam-se entre seus descendentes que surge o termo nacionalismo.

---

[239] ARON, Raymond. **Paz e Guerra entre as Nações**. São Paulo: Imprensa Oficial do Estado de São Paulo, 2002. p.384.

[240] MARITAIN, Jacques. **O Homem e o Estado**. Rio de Janeiro: Livraria Agir, 1966. p.13.

Tal como o conceito de nação, o nacionalismo emerge realmente, como instituto, na Idade Moderna, quando começa a criar raízes próprias e a diferenciar-se de qualquer outro movimento. Não obstante, seu conceito, ao longo da história, trespassou diversos outros aspectos, tais como a etnicidade, o território, a língua, para se ter apenas alguns exemplos. É mais que uma definição tida como pronta e acabada, mas sim um vínculo legal que repousa sua base em um fato social de ligação, em uma real conexão de existência, interesses e sentimentos, juntamente com a existência de direitos e deveres recíprocos[241].

Nesta perspectiva e exemplificando tal passagem, vale citar o que Eri J. Hobsbawn discorre, em seu livro, sobre o nacionalismo étnico na segunda metade do século XIX:

> Na segunda metade do século XIX, o nacionalismo étnico recebeu reforços enormes: em temos práticos através da crescente e maciça migração geográfica; na teoria, pela transformação da raça em conceito central das ciências sociais do século XIX. Por um lado, a velha e estabelecida divisão da humanidade em algumas poucas raças que se diferenciavam pela cor da pele passou a ser elaborada agora em um conjunto de diferenciações raciais. O evolucionismo darwinista, suplementado pelo que seria depois conhecido como genética, alimentou o racismo com aquilo que parecia ser um conjunto poderoso de razoes "científicas" para afastar ou mesmo expulsar e assassinar estranhos.[242]

É nesse nacionalismo étnico que se encontram as mais diversas justificativas para os racismos e para o xenofobismo. O nacionalismo étnico faz com que as minorias, que se encontram vivendo em uma mesma porção geográfica de uma grande maioria nacional, sejam extremamente discriminadas, perpetrando uma constante violação de seu direito humano à autodeterminação dos povos, pois o nacionalismo étnico acaba por ser usado como justificativa para a maior parte das atrocidades cometidas contra as minorias étnicas pela própria maioria nacional, formando assim, uma sociedade dividida em castas a partir da cultura de cada ente que a forma, ou seja:

---

[241] BISHOP JR., William W. *International Law: cases and materials*. Londres: Little Brown and Company – Law Book Division – Editorial Board, 1971.
[242] HOBSBAWM, Eric J. **Nações e Nacionalismo: desde 1780**. Rio de Janeiro: Paz e Terra, 2004. p.131.

O valor identidade nacional é politicamente supremo, e corresponde a realidades culturais diferentes do vínculo jurídico-político da nacionalidade. A consciência de que a pertença ao grupo determina direitos e lealdades incompatíveis com a possibilidade de os transferir para grupos diferentes tem a conseqüência comprovadamente possível do aparecimento de um sentimento etnocêntrico ou de uma ideologia racista.[243]

Nesse contexto, surgem as diversas vertentes e difusões do nacionalismo, podendo assim ser enunciadas:

Não é surpreendente que o nacionalismo tenha conseguido espaço tão rapidamente nos anos que vão de 1870 a 1914. As mudanças tanto políticas quanto sociais eram em função dele; isso, sem mencionar uma situação internacional que fornecia abundantes desculpas para pendurar manifestos de hostilidade a estrangeiros. Socialmente, três fatos deram um alcance crescente para o desenvolvimento de novas formas de invenção de comunidades – reais ou imaginarias – como nacionalidades: a resistência de grupos tradicionais ameaçados pelo rápido progresso da modernidade, as novas classes e estratos, não tradicionais, que rapidamente cresciam nas sociedades urbanizadas dos países desenvolvidos e as migrações sem precedentes que distribuíram uma diáspora múltipla de povos através do planeta, cada um estranho tanto aos nativos quanto aos outros grupos migrantes e nenhum, ainda, com os hábitos e convenções de coexistência.[244]

Evocando, novamente, o fato de o nacionalismo ter sempre algum pilar baseado em uma característica cultural – tal como a etnicidade –, vale salientar outro aspecto: a menção de como uma determinada língua pode vir a dar suporte para o desenvolvimento de um nacionalismo característico. Nas palavras de Eri J. Hosbawn:

A identificação de uma nação com uma língua nos possibilitar responder a tais questões, visto que o nacionalismo lingüístico requer, essencialmente, controle do Estado ou ao menos o ganho do reconhecimento oficial para a

---

[243] MOREIRA, Adriano. Nacionalismo, internacionalismo e transnacionalismo. **Escola Superior de Educação de Lisboa**. Disponível em: <http://www.eselx.ipl.pt/ciencias-sociais/Temas/nacionalismo.htm>. Acesso em: 23 de junho de 2021.
[244] HOBSBAWM, Eric J. **Nações e Nacionalismo: desde 1780**. Rio de Janeiro: Paz e Terra, 2004. p.133.

língua. Isso não tem a mesma importância para todos os estratos ou grupos que vivem dentro de um Estado ou nacionalidade, ou mesmo para cada Estado ou nacionalidade. De qualquer modo, não são os problemas de comunicação ou mesmo de cultura, que estão no coração do nacionalismo da língua, mas sim os de poder, *status*, política e ideologia. O elemento político – ideológico é evidente no processo de construção da língua, que pode percorrer desde a mera correção e padronização das línguas culturais e literárias existentes, através da formação de tais línguas a partir do complexo recorrente de dialetos contíguos, ate a ressurreição de línguas mortas ou quase extintas que resultam na virtual invenção de línguas novas. Pois, ao contrário dos mitos nacionalistas, a língua de um povo não é a base da consciência nacional, mas sim um artefato cultural. A língua se tornou um exercício mais deliberado de engenharia social na medida em que seu significado simbólico passou a prevalecer sobre seu uso real, como o testemunham os vários movimentos para nativizá-las ou tornar seu vocabulário mais verdadeiramente nacional.[245]

Assim, deduz-se que, apesar da língua ser de uma relevância inimaginável para a cultura de um determinado povo, não se pode dizer que por si só ela seja capaz de fazer com que a consagração da nacionalidade, o qual teve seu marco no século XIX, triunfe. É importante que o nacionalismo, atrelado a um determinado conglomerado humano, afirme-se em diversas outras pilastras valorativas que lhes tornem singulares para poderem vir a reivindicar sua própria autodeterminação.

Ocorre que, em determinadas realidades, acredita-se que é certo se seguir apenas uma cultura, ser parte de uma única etnia, não sendo incentivado o respeito para com outras manifestações e nem sequer outras raças. A partir de então, tem-se esquematizado um quadro característico de extremo preconceito e discriminação, combinados – quando existe – com um Estado que não garante direitos e nem produz nenhuma oportunidade de uma vida decente para qualquer outra minoria que não seja para aquele grupo documento.

Grupos étnicos rivais tornam-se diferenciados no que diz respeito ao nível educacional e tentam controlar ou monopolizar as ferramentas educacionais. Uma vez que a competição desse grupo é para ter acesso a posições na máquina

---

[245] HOBSBAWM, Eric J. **Nações e Nacionalismo: desde 1780**. Rio de Janeiro: Paz e Terra, 2004. p.134-135.

do Estado, tal disputa étnica tem alguma coisa em comum com o surgimento do nacionalismo pequeno-burguês e, em casos extremos, isso realmente pode levar ao separatismo. E quanto mais a sociedade for urba-nizada e industrializada, mais artificiais serão as tentativas de confinar, nos territórios dos países de origem, as comunidades étnicas que operam na economia mais ampla. Entretanto, as relações de grupo em tais sociedades complexas e poliétnicas/comunitárias são tão diferentes e menos estáveis do que tais relações tendem a ser em sociedades tradicionais.[246]

A partir de tal compreensão, sobressai-se a eclosão, no presente momento, do chamado fundamentalismo, cujo qual repousa suas vertentes similarmente aos do nacionalismo, mas encontrando caminho próprio, com o desenvolvimento de seu conceito e de sua edificação de forma singular. Em outras palavras, o fundamentalismo tão debatido atualmente não se confunde com o nacionalismo, uma vez que o fundamentalismo vem a ser um movimento próprio do século XX, contraindo à cultura científica ocidental, reacendendo as tradições especialmente religiosas, podendo acarretar demonstrações concretas de intolerância e ações violentas.[247]

O maior problema que deve ser pensado, a partir de tais exposições, é que, em um contexto de globalização, dever-se-ia pensar na fértil conjuntura em que as diferenças se fazem presentes. Em outros termos, os diferentes grupos sociais, étnicos, linguísticos e, inclusive, nacionais, deveriam para além de respeitar-se, unirem-se em prol de um desenvolvimento harmônico em comum. Todavia, o que se observa é exatamente o oposto: um sentimento de proteção para com a sua própria nacionalidade que passa do aceitável, acabando até mesmo por perpetrarem-se violências contra os direitos humanos dos outros grupos, não se tendo o respeito de qualquer tipo de diferença, uma vez que esta é considerada como inferior.

Uma via alternativa, para além do Estado, seria a construção e consolidação da chamada cidadania global. A partir de então, haveria uma cessão de parte da soberania nacional, sendo que as estruturas democráticas transnacionais permitiriam a construção de diversas "comunidades de discurso" e a redução de formas injustas de exclusão, assegurando-se,

---

[246] HOBSBAWM, Eric J. **Nações e Nacionalismo: desde 1780**. Rio de Janeiro: Paz e Terra, 2004. p.186.

[247] RODRIGUES, Denise dos Santos. O dilema contemporâneo do fundamentalismo: do extremismo à intolerância. **Revista Espaço Acadêmico**, n. 206, Julho/2008, ano XVIII.

assim, que a governança global se fundamente no consentimento de uma proporção crescente da humanidade.[248]

Considerando essa cessão, ter-se-ia a eclosão dos direitos de cidadania, ou da chamada cidadania democrática, a qual seria assegurada não mais pelo Estado nacional, mas por instituições internacionais, tais quais as organizações internacionais. Supera-se, então, a noção da cidadania como integrante do domínio reservado dos Estados, passando-se ao âmbito do domínio cooperacional internacional.[249]

Em termos gerais, observa-se, assim, que as minorias não se contentam com o modo excludente que os Estados lhe conferem – quando isto ocorre – a cidadania e, assim, reclamam mais que apenas aqueles direitos disponíveis pelo Estado a tais "cidadãos". Em termos gerais, acabam por serem considerados, de fato, cidadãos de segunda classe[250]. Nas palavras de Luigi Ferrajoli:

> De fato, paradoxalmente, são justamente a rapidez e a multiplicidade das comunicações que acentuaram o anseio de identidade dos povos, das etnias, das minorias e, ao mesmo tempo, o valor associado às diferenças, acendendo conflitos étnicos desagregadores dentro das fronteiras dos Estados e processos inversos de integração nacional fora delas.[251]

O primordial que deve vir a ser entendido é que os direitos de cidadania, atrelados aos direitos civis e políticos dos seres humanos, não devem nunca serem excludentes, nem discriminatórios. Devem, inevitavelmente, permear a perspectiva consolidatória de um regime maior, que englobe a

---

[248] LINKLATER, Andrew. Cosmopolitan citizenship. **Citizenship Studiedies**, Londres, v.2, n.1, 1998.

[249] *O chamado "domínio reservado dos Estados" (ou "competência nacional exclusiva"), particularização do velho dogma da soberania estatal, foi superado pela prática das organizações internacionais, que desvendou sua inadequação ao plano das relações internacionais. Aquele dogma havia sido concebido em outra época, tendo em mente o Estado in abstracto (e não em suas relações com outros Estados e organizações internacionais e outros sujeitos de Direito Internacional), e como expressão de um poder interno (tampouco absoluto), próprio de um ordenamento jurídico internacional, de coordenação e cooperação, em que os Estados são, ademais de independentes, juridicamente iguais.* CANÇADO TRINDADE, Antônio Augusto. **Direito das organizações internacionais**, 4ª ed. Belo Horizonte: Del Rey, 2009. p.528-529.

[250] EMECHETA, Buchi. **Cidadã de Segunda Classe**. Porto Alegre: Dublinense, 2018.

[251] FERRAJOLI, Luigi. **A Soberania no Mundo Moderno**. São Paulo: Livraria Martins Fontes, 2002. p.49.

globalidade dos direitos humano. Ademais, considerando a cidadania global, deve-se ter em mente, sempre, que não há uma cultura/etnia/classe dominante, mas sim que a diferença deve ser vista com bons olhos, a partir dos ideais de solidariedade, cooperação e liberdade entre os povos. Por mais utópico que soe, não se deve perder a esperança que o cidadão global possa vir a conviver com as diferenças em paz, tendo assegurado todos os seus direitos independentemente do local que se encontra.

2.4. Consequências da perda da cidadania, do desmembramento do estado curdo e do não-reconhecimento da nacionalidade

Debatidas já as questões inerentes à cidadania, ao Estado e ao nacionalismo, cabe agora aplicar tais âmbitos frente à questão curda. Ainda que frente a todo o exposto anteriormente, é importante destacar que a complexidade e o pouco empenho imputado pelos organismos internacionais em promover debates e arranjos de possíveis soluções para o caso curdo faz com que a análise a ser aqui realizada venha a se dar de uma forma aquém da demandada.

Ainda assim, é importante realçar traços da cidadania na causa curda. Traçando um paralelo histórico, desde 1867, quando então o Curdistão viera a ser desmembrado, a partir da dominação pelo Império Otomano[252], os curdos vêm a sofrer profundamente com a perda de direitos civis e políticos, próprios do rol que integra a cidadania, vindo a consagrar tal perda, como exposto, quando então ocorrera a anexação do antigo Estado pelos governos da Turquia, Irã, Iraque, Azerbaijão, Síria. A partir daí, então, os direitos curdos entraram em franco declínio.

Nesse contexto, os curdos passaram a ser uma minoria étnica nos países acima citados, começando a reclamar por aqueles direitos de cidadania inerentes à qualidade de minoria étnica. Com o passar do tempo, alguns dos Estados declararam a existência da identidade curda no interior de suas fronteiras, caracterizando até mesmo como minoria, mas os direitos não seriam aqueles com valores agregados por conta de tal condição[253] – como o mundo ocidental vem ditando a alguns anos –, mas sim excludentes e preconceituosos.

---

[252] AMERICAN SOCIETY OF INTERNATIONAL LAW. **The Sèvres Centennial: Self-Determination and the Kurds**. Disponível em: https://www.asil.org/insights/volume/24/issue/20/sevres-centennial-self-determination-and-kurds. Acesso em: 07 de maio de 2021.
[253] Ferrajoli, Luigi. **A Soberania no Mundo Moderno**. São Paulo: Livraria Martins Fontes, 2002.

A partir de então, o que se espera é que toda a sociedade internacional venha a pressionar cada vez mais estes países onde se encontra a minoria curda para que reconheçam, antes de tudo, a própria etnia, e, depois, que venham conceder todos aqueles direitos de cidadania inerentes às próprias minorias, dando um ponto final no preconceito e nas consequências que esse quadro acaba por impor.

Ocorre que, se não forem considerados cidadãos pelos governos dos países em que se estabeleceram quando então do desmembramento do Curdistão, os curdos continuarão a não ter acesso às condições básicas para uma vida digna, permanecendo em uma situação precária. Pensa-se, neste cenário, que os curdos sequer podem difundir, em suas gerações, sua própria cultura, pois o preconceito acaba por penetrar e instalar-se permanentemente naquelas sociedades que os veem como ameaça à soberania estatal.

Nessa mesma linha, chega-se à conclusão que não lhes sendo reconhecida a cidadania, todos os outros povos que convivem no mesmo limite geográfico que os curdos acabam por lhes discriminarem e tratá-los de maneira inferior.

Nessa análise, concluiu-se que o não reconhecimento de um direito – o de cidadania – leva a consequências drásticas, tal como a perda de outros direitos – a exemplo, o direito à cultura – também essenciais, especialmente quando se trata de uma minoria. Como produto, demonstra-se a não aceitação, naqueles Estados discriminados, a diversidade cultural, acarretando, ainda mais, no aprofundamento do sentimento xenofóbico e na prospectiva que se tenha, até mesmo, a violência concretizada frente ao povo curdo.

Ainda hoje, acredita-se que sendo uma minoria que veio a perder tanto a soberania interna, como a soberania externa, criou-se uma situação peculiar, onde não se encontram meios para reivindicarem seus direitos (aqueles inerentes à condição de seres humanos) e, muito menos, para lutarem pela reconstrução do antigo Estado do Curdistão – através do seu direito de autodeterminação – na faixa territorial que uma vez já fizera parte deste último.

Importante é a análise de quais são as consequências que o desmembramento do Curdistão acarretou, especialmente, em relação ao povo curdo que se encontra nos Estados da Turquia, Iraque e Irã[254]. Na Turquia, o exér-

---

[254] ROGG, Inga; RIMSCHA, Hans. The Kurds as parties to and victims of conflicts in Iraq. *International Review of the Red Cross*, volume 89, number 868, December 2007, p. 823–842.

cito é um dos principais organismos de poder e segue os ideais do nacionalismo turco. Sem sua aprovação e consentimento, não se pode dar um passo para a solução do problema curdo. A maioria dos partidos políticos turcos e os meios de comunicação mantém uma posição similar ao do exército, o qual aprova sua luta com os denominados "terroristas curdos"[255].

No Iraque, o regime está respaldado por clãs e tribos, dificultando o estabelecimento de diferenças ideológicas. A repressão que exercem as forças de ordem do Iraque impede a existência de facções. O regime iraquiano reconhece a existência de um problema curdo e admite um sistema autônomo curdo, especialmente ao seu Norte, quando então a sociedade internacional delimitou uma certa autonomia aos curdos naquele Estado[256]. Já no Irã, reconhece-se a existência de um aporte de direito diferenciado aos curdos, permitindo, inclusive o uso de seu próprio idioma, ainda que continue a se negar o reconhecimento de qualquer autonomia ao povo e, igualmente, garantir-lhes direitos próprios de minorias.

Para que os curdos venham a serem tratados com os direitos que lhes são devidos deve-se, primeiramente, reconhecer seu caráter de cidadão. Após, entender que a diferença cultural faz com que esses mesmos indivíduos possuem o direito de desenvolver um nacionalismo próprio entre si, o que não vem a ser prejudicial, mas até mesmo benéfico para o desenvolvimento dos Estados que anexaram as parcelas territoriais do antigo Curdistão. Por fim, se todas essas atitudes forem colocadas em prática, o desenrolar dos fatos faz com que se acredite que ainda há um meio possível – e pacífico – para a reconstrução do Estado do Curdistão.

2.5. Aspectos relevantes do direito internacional público

No presente momento, faz-se pertinente realizar um breve estudo acerca das questões afetas do Direito Internacional Público frente à causa, expondo sua utilidade para a compreensão dos conceitos e institutos versados no presente estudo.

Assim sendo, inicialmente, reconhece-se, como sujeito de Direito Internacional Público primário, a importância dos Estados como construtores

---

[255] BRITANNICA, THE EDITORS OF ENCYCLOPAEDIA. Kurdistan Workers' Party. **Encyclopedia Britannica**, 27 Aug. 2019, Disponível em: https://www.britannica.com/topic/Kurdistan-Workers-Party. Acesso em: 14 de junho de 2021.

[256] JIMENEZ, Jeremy; KABACHNIK, Peter. The Other Iraq: Exploring Iraqi Kurdistan. **FOCUS on Geography,** n. 55, p. 31 – 40, 2012.

do próprio Direito Internacional Público, uma vez que dada a falta de centralização do poder nesta ordem jurídica e a aplicação da teoria *pacta sunt servanda* à obrigatoriedade de tal Direito, são os próprios Estados agentes ativos e passivos indispensáveis à estruturação e ao desenvolvimento do próprio ramo em questão.[257]

A partir do desenrolar histórico da própria realidade internacional, os Estados se viram na necessidade de uma maior interação naquele plano, vindo, de maneira horizontal, preocupar-se, também, com o desenvolvimento de outros tipos de interações. Corroborando com tal entendimento, destaca-se:

> Deixando de lado as discussões acadêmicas e doutrinárias sobre a existência ou não do Direito Internacional, entendida como inadequada e que o próprio tempo fez questão de suplantar, vê-se um crescimento da sua importância na sociedade internacional em um cenário cada vez mais integrado em rede. Com essa evolução, os sujeitos tradicionais passaram a desempenhar novos papéis, surgiram novos atores neste cenário e o envolvimento do indivíduo nas relações de caráter internacional, seja utilizando-se das regras ou mesmo vivenciando os efeitos derivado das relações entre os Estados no plano internacional é cada vez mais intensa[258].

Neste panorama, chega-se à conclusão, então, que os Estados necessitaram de uma interação, no plano internacional, para o alcance de objetivos comuns e para a própria regulação, a partir do multilateralismo, da própria sociedade internacional, por intermédio do direito internacional que busca, a partir da sua institucionalização, a criação de regras de caráter universais, como bem ilustra Cançado Trindade:

> A atuação e o dinamismo das organizações internacionais têm contribuído decisivamente para modificar a própria estrutura do ordenamento jurídico internacional. As organizações internacionais, além de impulsionar o multilateralismo, têm em muito contribuído à regulamentação internacional de novas áreas da atividade humana, e, por conseguinte, *a fortiori*, à gradual institucionalização e "constitucionalização" do ordenamento jurídico internacio-

---

[257] CASSESE, Antonio. ***International Law***. Second Edition. Oxford: Oxford University Press, 2005.

[258] MENEZES, Wagner. **Direito internacional na América Latina**. Curitiba: Juruá, 2007. p.100.

nal. As organizações internacionais têm se ocupado de temas e questões que os Estados individualmente não teriam condições de tratar ou resolver satisfatoriamente, e que dizem respeito à humanidade como um todo; têm elas, por conseguinte, contribuído ademais à universalização do direito internacional contemporâneo.[259]

Assim sendo, emergem, no cenário internacional, as organizações internacionais, surgindo, basicamente, quando se amplia o âmbito dos sujeitos de Direito Internacional Público.[260] Em outras palavras, pode ser entendido que a origem das organizações internacionais coincide com a abertura dos sujeitos de Direito Internacional Público para além dos Estados.
A partir de então, o Direito Internacional passa a protagonizar as preocupações da sociedade contemporânea, entendendo que, ainda que o Estado tenha um papel primordial na atuação e na busca por solução que trespassem suas fronteiras nacionais, há a necessidade de se adequar à busca por cooperação internacional e garantir uma interação no palco das organizações internacionais.

Hoje, uma visão global da estrutura dinâmica do direito internacional revela – relembrando um estudo da década de sessenta – uma extensão horizontal do direito internacional (refletida na multiplicação de novos Estados independentes e outros protagonistas do direito internacional) e uma extensão vertical da preocupação do direito internacional contemporâneo com as questões socioeconômicas. Enquanto o Estado soberano dominou a esfera formativa do direito internacional, certamente ainda permanecendo a forma mais importante de organização política na sociedade internacional, começa a mostrar-se hoje, no entanto cada vez mais insuficiente para responder por si só ao desafio das necessidades de nossos tempos.[261]

Com todo o exposto, conclui-se que o Direito Internacional Público se demonstra indispensável para o encontro de soluções viáveis às mais varia-

---

[259] CANÇADO TRINDADE, Antônio Augusto. **Direito das Organizações Internacionais**. 4.ed. Belo Horizonte: Del Rey, 2009. p.534.
[260] Entendem-se sujeitos de direito internacional público, neste trabalho, como sendo aqueles entes capazes de possuírem direitos e obrigações no plano internacional, características, inequivocamente, dos Estados e das organizações internacionais.
[261] CANÇADO TRINDADE, Antônio Augusto. **O direito internacional em um mundo em transformação**. Rio de Janeiro: Renovar, 2002. p.257.

das questões que eclodem no cenário internacional frente à realidade da globalização. Cabe destacar, então, que a negação do Direito Internacional por conta do dogma da soberania (interna) do Estado não mais atende, de forma eficaz, aos reclames da sociedade, tanto nacional, quanto internacional, tendendo, cada vez mais, que os olhos sejam voltados à busca de soluções pelo Direito Internacional Público.[262]

Nesta toada, alude-se aos princípios gerais que regem tal ramo jurídico, inclusive para possibilitar sua aplicação prática na causa curda. Os princípios que devem, neste estudo, serem destacados são os seguintes: a igualdade entre os Estados, a boa-fé, a solução pacífica de controvérsias, a não-intervenção, a autodeterminação dos povos e a cooperação.[263]

No que diz respeito ao princípio da igualdade, alude-se a sua imprescindibilidade para o próprio desenvolvimento do Direito Internacional Público, uma vez que todos os Estados que lhes são sujeitos devem ser considerados igualmente soberanos e em igualdade de posição jurídica no plano internacional. Dessa forma, transcreve-se:

> É o princípio fundamental não só para o Direito Internacional, mas para a organização da sociedade como um todo, que compreende um sistema de igualdade soberana dos Estados que a compõem, como uma forma de repartir competências e a extensão do exercício dos poderes de ação do Estado na sociedade internacional.[264]

O segundo princípio a ser tratado vem a ser o da boa-fé, obrigando todas as relações internacionais estarem pautadas a partir de seu dogma. É por intermédio de sua aplicação e eficácia que se tem, ao menos na teoria, um campo hábil para a coerência e justiça estarem presentes no cenário internacional. Assim, precisa-se:

> A boa-fé como princípio está apoiada na consciência da honestidade, de retidão, no cumprimento e no exercício de regras jurídicas no ambiente da sociedade internacional, traduzindo, acima de tudo, a segurança jurídica neste contexto, pois haverá harmonia no sistema normativo que embasa a relação

---

[262] KELSEN, Hans. **Derecho y Paz en las Relaciones Internacionales**. Trad. Florencio Acosta. México: Fondo de Cultura Económica, 1996.
[263] KELSEN, Hans. **Principios de Derecho Internacional Público**. Trad. Hugo Caminos e Ernesto C. Hermida. Granada: Comares Editorial, 2013
[264] MENEZES, Wagner. **Direito internacional na América Latina**. Curitiba: Juruá, 2007.

jurídica entre os Estados se cada um agir em consonância com o Direito. Por isso, a boa-fé é ingrediente basilar não só do Direito Internacional, mas do Direito como um sistema[265].

O princípio da solução pacífica dos conflitos também vem a ser importante, uma vez que é da essência do próprio Direito Internacional vir a resolver discórdias entre seus agentes sem que se alcance a última *ratio*, que é a guerra, prevendo formas de manter a paz e a coexistência pacífica entre os Estados. Assim, impulsionou-se, em outros termos, a criação de organismos internacionais que pudessem, de maneira efetiva e imparcial, assegurar a solução de controvérsias de maneira pacífica, sem a presença de uma nova guerra, mas, contando ainda, com o nacionalismo exacerbado dos Estados. O maior exemplo fora a Liga das Nações que, mesmo tendo falhado no alcance de seus objetivos, teve sua importância na consolidação das organizações internacionais Assim:

> Antes da 2ª Guerra Mundial, portanto, pode-se falar dessas entidades então estabelecidas como "organizações internacionais de segunda geração", as quais surgiram em momento histórico pouco propício, caracterizado, de um lado, pelo desenvolvimento de modos diplomáticos de solução de controvérsias e por um renovado interesse na arbitragem interestatal, mas, de outro, pela continuidade do domínio das relações internacionais por uma concepção de soberania absoluta do Estado, repousando, em consequência, não em normas jurídicas internacionais, mas no equilíbrio militar entre as potências. Essa época foi cunhada como a do período do "nacionalismo do Direito Internacional", no qual as soberanias estatais estavam hipertrofiadas, não deixando muito espaço para atividades de organizações internacionais, cujas funções poderiam desbordar os limites estreitos de uma cooperação técnica ou científica especializada.[266]

Outro importante princípio é o da cooperação internacional, denotando-se imprescindível para o próprio desenvolvimento da sociedade internacional, pautando-se, então, na solidariedade para o alcance de ideais comuns entre os Estados.

---

[265] MENEZES, Wagner. **Direito internacional na América Latina**. Curitiba: Juruá, 2007. p.207.
[266] CRETELLA NETO, José. **Teoria geral das organizações internacionais**, São Paulo: Saraiva, 2007. p.30.

(...) a idéia de se promover a cooperação entre os povos para lograr o progresso da humanidade vem ancorada na noção do desenvolvimento de uma comunidade internacional, mais solidária, voltada à resolução de problemas comuns que afetam todos os povos.[267]

Estima-se que só com o advento das duas grandes guerras, com o fenômeno cada vez mais intenso da globalização, com a crescente e incontornável circulação de bens, capitais, serviços e pessoas, com o fim do mundo dividido pela Guerra Fria, além da inestimável criação de organismos multinacionais (empresas transnacionais, organizações internacionais e blocos regionais) é que a cooperação entre os Estados se tornou imprescindível e demandou uma ação concreta em prol de sua materialização.

A cooperação, como hoje se apresenta – pautada também em termos desenvolvimentistas[268] -, fora resultado das ondas crescentes de movimentos de descolonização ao redor do globo, além da atenção voltada às tensões nos Estados menos desenvolvidos[269]. Sublinha-se a seguinte passagem:

> [...] Nos anos que se seguiram à Guerra, o acelerado processo de descolonização dos países afro-asiáticos, a renovada consciência da América Latina quanto a seu atraso estrutural e o deslocamento dos focos de tensão mundial do centro desenvolvido para a periferia pobre, com crises como as da Indochina, Argélia, Cuba e Congo, trouxeram a questão do desenvolvimento para o palco de debates. [...][270]

O princípio da autodeterminação dos povos será estudado, de maneira mais no próximo ponto, mas apenas a título de um breve conhecimento, discorre-se de tal forma sobre o princípio em questão:

---

[267] MENEZES, Wagner. **Direito internacional na América Latina**. Curitiba: Juruá, 2007. p.210.

[268] Para tanto, há de se observar os esforços desenvolvidos pela ONU, especialmente quando da convocação e consequente consolidação da Conferência das Nações Unidas sobre Comércio e Desenvolvimento (UNCTAD).

[269] Relata-se, ainda, a importância do desenvolvimento da ordem capitalista para a consolidação da cooperação, uma vez que a partir desta realidade é que Estados e interesses passaram a integrar a mesma ótica, mobilizando diversos atores para defesa e luta de seus ideais.

[270] AMORIM, Celso Luiz Nunes. **Perspectivas da Cooperação Internacional**. *IN:* MARCOVITCH, JACQUES. **Cooperação Internacional: estratégia e gestão**. São Paulo: Editora da Universidade de São Paulo, 1994. p. 153.

> Este princípio está diretamente vinculado à liberdade dos povos e territórios do mundo de escolher, sem ingerência externa, os valores sociais, culturais e políticos que desejam seguir, prescrevendo que nenhum Estado tem o direito de impor a um outro povo valores culturais, morais, econômicos ou religiosos.
>
> O princípio visa coibir que Estados hegemônicos, por intermédio da imposição colonial, determinem valores que não são de um povo, como uma forma de dominação e de subjugação.[271]

Por fim, antes de se adentrar a outro assunto pertinente ao direito internacional público, cita-se um último princípio, qual seja o da não-intervenção, visando que cada Estado tenha autonomia e direito exclusivo de decidir sobre os seus assuntos internos e externos. É o que se deduz a partir de tal afirmação:

> Pelo princípio da não-intervenção fica prescrito juridicamente que nenhum Estado pode se imiscuir nos assuntos internos ou externos de outro, em sua condução política, nas suas decisões econômicas, culturais ou sociais, ou determinar que ele se posicione ou aja de determinada forma. A intervenção é caracterizada pela ingerência de um Estado nos negócios internos e externos do outro.[272]

Esboçados os principais princípios de direito internacional público, conjuntamente com seu conceito e fontes, importante agora será debater, brevemente, sobre a atuação das Organizações das Nações Unidas (ONU) no cenário internacional.

A importância das Organizações das Nações Unidas para o direito internacional repousa no fato, primeiramente, que tal ramo do direito vem, cada vez mais, requerendo a atuação de organizações internacionais para o melhor desenvolvimento das relações internacionais, tendo em vista que as instituições estatais se mostram precárias e ineficientes nesses assuntos. Tal organização tem, também, como principal característica o seu caráter universal, levando a crer que todos os Estados podem ali participar ati-

---

[271] MENEZES, Wagner. **Direito internacional na América Latina**. Curitiba: Juruá, 2007. p.211.
[272] MENEZES, Wagner. **Direito internacional na América Latina**. Curitiba: Juruá, 2007. p.215.

vamente, independentemente de aspectos econômicos, sociais, culturais, políticos, dentre outros. Acerca do tema, discorre-se:

> Dentre os distintos aspectos da prática da ONU abordados por Aron, há um que deve ser ressaltado. Muito embora o autor atribua à ONU uma influência não preponderante, e limitada, porém efetiva, nas relações internacionais, tenta não obstante detectar o papel exercido pela Organização no cenário internacional, a contrario de outros sociólogos que tendem a concentrar-se excessivamente no estudo dos Estados, minimizando ou negligenciando as organizações internacionais. Em brilhante passagem, pondera Aron que, se o papel desempenhado pela ONU em episódios envolvendo diretamente as superpotências e os grandes poderes entre si foi " secundário porém útil", por outro lado as relações entre as antigas metrópoles européias e seus ex--protetorados e ex-colônias – o processo histórico da descolonização ou libertação nacional – foram as que sofreram a maior e mais decisiva influencia das Nações Unidas. Estas certamente propiciaram uma tribuna aos proponentes do anticolonialismo e precipitaram o fenômeno da descolonização. Conforme reconhece Aron, no seio da ONU, Organização de vocação universal por excelência, os Estados menos importantes, iguais aos "grandes" pelas normas da Assembléia Geral, "podem orgulhar-se de decidir, com seu voto, problemas históricos".[273]

Infere-se ser ela um órgão basilar do direito internacional, formando--se, incialmente, por países capitalistas e socialistas, baseando-se em uma democracia internacional, com o marco na assinatura da Carta das Nações Unidas, datada de 26 de junho de 1945, em São Francisco, Estados Unidos.

Desde seus primórdios, a ONU conta com uma vocação universal, com a multilateralidade, com o objetivo de preservação da paz. É, de fato, uma organização intergovernamental, uma vez que decorre das vontades estatais, não tendo poder ou autoridade suficientes para determinar o que os Estados devem ou não fazer sem o consentimento deles. Em síntese:

> **A Organização das Nações Unidas – ONU** é um organismo intergovernamental, criado por intermédio de uma associação de Estados, com personalidade jurídica internacional, como se depreende de seus artigos 104 e 105,

---

[273] CANÇADO TRINDADE, Antônio Augusto. **O direito internacional em um mundo em transformação.** Rio de Janeiro: Renovar, 2002. p.243.

embora não haja dispositivo específico, atribuindo-lhe tal personalidade. Na época, evitou-se a idéia de um *"super-Estado"*. Os poderes expressos da ONU estão explícitos e implícitos na Carta. Estes últimos, necessários para a consecução de seus objetivos, como o reconheceu a Corte Internacional de Justiça em um acórdão de 1949, em um processo de *"reparação de danos sofridos ao serviço das Nações Unidas"* [...].[274]

Pode ser expresso que a ONU – mesmo com seu caráter intergovernamental – desde seus primórdios, vem criando um aparato universal para a proteção dos direitos humanos, baseado em sua Carta, em suas Declarações, tratados e além de outras ações voltadas ao desenvolvimento destes direitos.[275]

Com todas essas considerações em mente, para que o direito internacional demonstre sua utilidade concreta ao presente trabalho, propõe-se a estudar, no momento, as atuações da Organização das Nações Unidas no que diz respeito às minorias étnicas.

Um primeiro documento que se estabelece o destaque em relação à proteção do direito das minorias vem a ser o Pacto Internacional dos Direitos Civis e Políticos (1966), especificamente em seu artigo 27, cujo qual dispõe:

> Artigo 27. Nos Estados em que haja minorias étnicas, religiosas, ou linguísticas, as pessoas pertencentes a essas minorias não poderão ser privadas do direito de ter, conjuntamente com outros membros de seu grupo, sua própria vida cultural, de professar e praticar sua própria religião e usar sua própria língua.[276]

Também importante compreender que a Organização das Nações Unidas, por intermédio da Resolução 47/135[277], de sua Assembleia Geral,

---

[274] HUSEK, Carlos Roberto. **A nova (des)ordem Internacional ONU**: uma vocação para a paz. Tese (Doutorado em Direito) – Pontifícia Universidade Católica de São Paulo, São Paulo, 2004. p.321-322.

[275] **HUMAN RIGHTS EDUCATION ASSOCIATES**. Disponível em: <http://www.hrea.org/index. php?doc_id=439>. Acesso em: 10 de março de 2021.

[276] **PACTO INTERNACIONAL DOS DIREITOS CIVIS E POLÍTICOS**. Disponível em: http://www.planalto.gov.br/ccivil_03/decreto/1990-1994/d0592.htm. Acesso em: 05 de maio de 2021.

[277] UNITED NATIONS. **A/RES/47/135**, 3 February 1993. Disponível em: https://documents-dds-ny.un.org/doc/UNDOC/GEN/N93/076/55/IMG/N9307655.pdf?OpenElement. Acesso em: 19 de junho de 2021.

aprovou a *soft law* intitulada de Declaração dos Direitos das Pessoas Pertencentes às Minorias Étnicas, Religiosas e Linguísticas, provando assim, a preocupação da organização para com a consolidação dos direitos das minorias étnicas.

Por fim, sintetizados todos os aspectos inerentes ao Direito Internacional e em relação à própria Organização das Nações Unidas, passa-se à análise do objeto principal que poderá possibilitar um desfecho favorável à causa curda, qual seja, o princípio da autodeterminação dos povos.

3
O PRINCÍPIO DA AUTODETERMINAÇÃO E O POVO CURDO

3.1. O direito dos povos

A partir de uma perspectiva própria do Direito Internacional, cabe destacar já de antemão o fato do desenvolvimento do direito dos povos estar intrinsicamente atrelado ao instituto do *ius gentium*, que, por sua vez, remete à ideia aos direitos comuns a todos os povos.[278]

Por consequência, é preciso compreender qual a conceituação da palavra povo neste cenário. Assim, diz-se que pela noção de povo tem-se a ideia de unidades compostas por vários indivíduos que obedecem a alguns ou muitos padrões sociais comuns, e que essas unidades de seres são, por sua vez, de algum modo, diferentes entre si[279]. Tais diferenças podem ser estruturadas na ordem cultural, bem como na forma que uma determinada parcela societária vive, age e pensa em dissonância com o restante.

Além disso, a partir da noção de multiculturalidade, é interessante fazer uma análise do que vem a ser o *Pluralismo Razoável*, proposto por John Rawls[280]. Essa ideia é determinada a partir da aceitação das diferenças dos cidadãos, pela consolidação da democracia constitucional, considerando que as instituições políticas e sociais deste tipo de governo deveriam levar eficazmente seus cidadãos a adquirirem o sentido adequado de justiça, dando estabilidade aos diferentes grupos a partir das razões certas.

---

[278] SHAW, Malcolm N. ***International Law***. Eighth Ed. Cambridge: Cambridge University Press, 2017.

[279] BARBOSA, Marco Antonio. **Autodeterminação: direito à diferença**. São Paulo: Plêiade, 2001.

[280] RAWLS, John. ***The law of people***. Massachusetts: Harvard University Press, 1999.

É imprescindível sublinhar o caráter que o Direito dos Povos tem de assegurar este *Pluralismo Razoável* aqui tratado. A partir de uma separação entre o Direito dos Povos e o próprio Direito nacional, cujo qual, ainda que não esteja assegurado em bases sólidas, deverá, ao menos, garantir aqueles.

Além disso, a investigação do conceito do termo *povo* pode ter ainda um enfoque sociopolítico, jurídico e antropológico[281]. Segundo a noção sociopolítica, é correto afirmar que apenas pelo próprio povo é que se pode haver uma mudança, por intermédio do exercício de sua autodeterminação, independentemente do Estado que se encontre. Além disso, pelo aspecto político, lembra-se que o povo tem o direito de demandar, de reivindicar, de agir e de lutar, sendo que nenhum Estado ou ente organizacional pode lhe retirar tais direitos, pois é intrínseco à própria condição de ser humano.

Em relação ao quesito jurídico, diz-se que o direito dos povos estaria abarcado no princípio da autodeterminação dos povos, que será examinado em momento posterior do presente trabalho. E, finalmente, no que tange ao discurso antropológico, diz-se que um povo dependerá, então, de uma perspectiva cultural e linguística próprias, como alude Robert Shirley na seguinte passagem:

> Nação é um grupo de pessoas que tem uma língua em comum e uma cultura geralmente semelhante [...]. Se um Estado tenta impor uma nova cultura jurídica sobre a sociedade dominada, poderá causar enorme agitação e desmoralização, pois, do ponto de vista cultural legal do povo, a nova lei pode ser tida como injusta e errada.[282]

O problema que vem, em conjunto à efetivação do Direito dos Povos, é que um determinado Estado poderá, a fim de estabelecer uma única identidade nacional, arrasar outras identidades minoritárias, impondo uma assimilação cultural e demonizando as diferenças – ou o diferente da maioria.

Ocorre que a teoria do Direito dos Povos vem, em suma, reafirmar a impossibilidade de existência de um Estado habitado apenas por seres de uma única cultura, devendo, a partir de então, o próprio Direito e Organizações Internacionais agirem com o propósito e garantirem os direitos mais básicos àquelas minorias que naquele território se encontram.

---

[281] BARBOSA, Marco Antonio. **Autodeterminação: direito à diferença**. São Paulo: Plêiade, 2001.

[282] SHIRLEY, Rodney. ***The mapping of the world***. London: Holland Press, 1987. p.28.

3
O PRINCÍPIO DA AUTODETERMINAÇÃO E O POVO CURDO

3.1. O direito dos povos

A partir de uma perspectiva própria do Direito Internacional, cabe destacar já de antemão o fato do desenvolvimento do direito dos povos estar intrinsicamente atrelado ao instituto do *ius gentium*, que, por sua vez, remete à ideia aos direitos comuns a todos os povos.[278]

Por consequência, é preciso compreender qual a conceituação da palavra povo neste cenário. Assim, diz-se que pela noção de povo tem-se a ideia de unidades compostas por vários indivíduos que obedecem a alguns ou muitos padrões sociais comuns, e que essas unidades de seres são, por sua vez, de algum modo, diferentes entre si[279]. Tais diferenças podem ser estruturadas na ordem cultural, bem como na forma que uma determinada parcela societária vive, age e pensa em dissonância com o restante.

Além disso, a partir da noção de multiculturalidade, é interessante fazer uma análise do que vem a ser o *Pluralismo Razoável*, proposto por John Rawls[280]. Essa ideia é determinada a partir da aceitação das diferenças dos cidadãos, pela consolidação da democracia constitucional, considerando que as instituições políticas e sociais deste tipo de governo deveriam levar eficazmente seus cidadãos a adquirirem o sentido adequado de justiça, dando estabilidade aos diferentes grupos a partir das razões certas.

---

[278] SHAW, Malcolm N. ***International Law***. Eighth Ed. Cambridge: Cambridge University Press, 2017.
[279] BARBOSA, Marco Antonio. **Autodeterminação: direito à diferença**. São Paulo: Plêiade, 2001.
[280] RAWLS, John. ***The law of people***. Massachusetts: Harvard University Press, 1999.

É imprescindível sublinhar o caráter que o Direito dos Povos tem de assegurar este *Pluralismo Razoável* aqui tratado. A partir de uma separação entre o Direito dos Povos e o próprio Direito nacional, cujo qual, ainda que não esteja assegurado em bases sólidas, deverá, ao menos, garantir aqueles.

Além disso, a investigação do conceito do termo *povo* pode ter ainda um enfoque sociopolítico, jurídico e antropológico[281]. Segundo a noção sociopolítica, é correto afirmar que apenas pelo próprio povo é que se pode haver uma mudança, por intermédio do exercício de sua autodeterminação, independentemente do Estado que se encontre. Além disso, pelo aspecto político, lembra-se que o povo tem o direito de demandar, de reivindicar, de agir e de lutar, sendo que nenhum Estado ou ente organizacional pode lhe retirar tais direitos, pois é intrínseco à própria condição de ser humano.

Em relação ao quesito jurídico, diz-se que o direito dos povos estaria abarcado no princípio da autodeterminação dos povos, que será examinado em momento posterior do presente trabalho. E, finalmente, no que tange ao discurso antropológico, diz-se que um povo dependerá, então, de uma perspectiva cultural e linguística próprias, como alude Robert Shirley na seguinte passagem:

> Nação é um grupo de pessoas que tem uma língua em comum e uma cultura geralmente semelhante [...]. Se um Estado tenta impor uma nova cultura jurídica sobre a sociedade dominada, poderá causar enorme agitação e desmoralização, pois, do ponto de vista cultural legal do povo, a nova lei pode ser tida como injusta e errada.[282]

O problema que vem, em conjunto à efetivação do Direito dos Povos, é que um determinado Estado poderá, a fim de estabelecer uma única identidade nacional, arrasar outras identidades minoritárias, impondo uma assimilação cultural e demonizando as diferenças – ou o diferente da maioria.

Ocorre que a teoria do Direito dos Povos vem, em suma, reafirmar a impossibilidade de existência de um Estado habitado apenas por seres de uma única cultura, devendo, a partir de então, o próprio Direito e Organizações Internacionais agirem com o propósito e garantirem os direitos mais básicos àquelas minorias que naquele território se encontram.

---

[281] BARBOSA, Marco Antonio. **Autodeterminação: direito à diferença**. São Paulo: Plêiade, 2001.

[282] SHIRLEY, Rodney. ***The mapping of the world***. London: Holland Press, 1987. p.28.

A questão pertinente a ser debatida é se a autodeterminação, justificadora de várias ações estatais, é mesmo dos Estados ou dos povos. Parece que a posição mais coerente seja conferi-la aos povos, uma vez que se for imputada aos Estados, ter-se-ia, como resultado, a violação dos direitos daquelas culturas que não são aceitas em termos societários e institucionais. É assim, então, que se conclui que a autodeterminação deverá ser considerada como um princípio dos povos, e não dos Estados.

Ainda assim, entende-se que o direito de um povo à autodeterminação não é justificativa plausível para que se tenha a intervenção em outros territórios. Todavia, merece realce o fato que a ruptura cultural e territorial de um povo com o (então) Estado de qual era parte dá-se, em geral, quando as normas que formam a identidade nacional foram permeadas por violência para com este povo especificamente, sendo impossível a sua coexistência. O remate desse discurso é que a maior parte das lutas de ruptura se dão pelos governos não terem sabido integrar os seus povos e culturas, ou seja, por não terem reconhecido as diferenças no interior de seu território.

A tarefa de um Estado Democrático não pode ser a de suprimir povos e culturas, mas sim organizar a sua convivência pacífica. É imprescindível que haja uma estruturação de certa autonomia às minorias que povoam um determinado local, pois só assim pode ser garantido o próprio desenvolvimento cultural e, até mesmo, sua própria existência digna.

Em decorrência, o Direito dos Povos clama, indiscutivelmente, pela paz entre todos. Raymond Aron[283] traça, num conceito simples, o que deve ser entendido por *paz por satisfação* e quais devem ser as condutas adequadas para um Estado, tais como: as unidas políticas não devem procurar ampliar o seu território, nem governar outras populações. Não devem, ainda, procurar expandir-se para aumentar os seus recursos materiais ou humanos, disseminar suas instituições ou usufruir o orgulho embriagante de governar.

Um bom exemplo de institucionalização do direito dos povos vêm do continente africano. Deveras, no sistema africano de proteção dos direitos humanos prepondera o direito dos povos, tendo em vista que a própria civilização africana se desenvolvera de maneira tribal. Com a proclamação da Convenção Africana dos Direitos Humanos e dos Povos (*Carta de Banjul*), em 26 de junho de 1981, é que o sistema africano realmente se consolidou. Resposta aos abusos acometidos ao povo africano na década

---

[283] ARON, Raymond. *Peace and war*. Gardencity: Doubleday, 1966.

de 1970, o referido tratado fora o primeiro documento internacional que previu o direitos dos povos à preservação do equilíbrio ecológico (art. 24), bem como a providência de estabelecer direitos não apenas de indivídios, mas da comunidade, correlacionando-se à ideia de povos como comunidades tradicionais, dispostas ao gozo da autodeterminação (art. 20). Em consonância com seu teor:

> Artigo 20
> 1.Todo povo tem direito à existência. Todo povo tem um direito imprescritível e inalienável à autodeterminação. Ele determina livremente o seu estatuto político e assegura o seu desenvolvimento econômico e social segundo a via que livremente escolheu.
> 2.Os povos colonizados ou oprimidos têm o direito de se libertar do seu estado de dominação recorrendo a todos os meios reconhecidos pela comunidade internacional.
> 3.Todos os povos têm direito à assistência dos Estados Partes na presente Carta, na sua luta de libertação contra a dominação estrangeira, quer seja esta de ordem política, econômica ou cultural.[284]

Tendo em vista tal documento, fica cada vez mais nítido que a sociedade internacional visa conseguir artifícios, através de novas instituições e práticas, para reprimir Estados que venham a atuar de forma a perpetrar a violência contra as minorias que se encontram em um determinado território nacional.

A teoria e prática do direito internacional contemporâneo efetivamente convalidam a vindicação dos direitos dos povos. Um instrumento internacional, como a Carta Africana de Direitos Humanos e dos Povos de 1981, por exemplo, consagra em um mesmo elenco os direitos civis e políticos (artigos 3 – 14), econômicos, sociais e culturais (artigos 15 – 18), assim como os direitos dos povos (artigos 19 – 24), com um mecanismo de implementação comum a todos (artigos 46 – 59 e 62). Os direitos dos povos têm, ademais, contado com reconhecimento judicial, no caso da *Delimitação Marítima entre Guiné e Guiné – Bissau*, por exemplo, em seu laudo de 18.02.1983, o Tribunal Arbitral que decidiu o caso referiu-se às "reivindicações legítimas" das par-

---

[284] **CARTA DE BANJUL.** Disponível em: http://pfdc.pgr.mpf.mp.br/atuacao-e-conteudos-de-apoio/legislacao/acesso-a-informacao/internacional/carta-africana. Acesso em: 14 de maio de 2021.

tes como Estados em desenvolvimento e ao direito dos povos involucrados a alcançar o nível de desenvolvimento econômico e social que preserve plenamente sua dignidade.[285]

Finalizando, interpreta-se que a assistência e cooperação não devem ser concretizadas apenas com o auxílio material para um determinado povo. A aceitação de suas peculiaridades, a garantia da autodeterminação dos povos, segundo sua própria cultura, vontade e determinação devem ser garantidos a partir da atuação dos Estados no cenário internacional e, inclusive, pela ação prática das próprias organizações internacionais. Só assim a sociedade internacional poderá progredir na promoção, proteção e efetivação do princípio à autodeterminação dos povos, que será analisado a seguir.

3.2. O princípio de autodeterminação dos povos no contexto internacional

Esboça-se, primeiramente, que sendo a autodeterminação um princípio do Direito Internacional, seu surgimento está atrelado à necessidade decorrente da intensificação das relações entre os Estados, estando consolidado em documentos internacionais. Traça-se que tais princípios têm relevância inquestionável para a intensificação das relações que se estabelecem em toda a sociedade internacional, uma vez que permitem solucionar controvérsias entre os Estados. De tal forma, imputa-se à Carta de São Francisco – documento constitutivo da ONU -, a responsabilidade de estabelecer os principais princípios de tal ramo jurídico, incluindo, aí, a autodeterminação dos povos.

[...] Nesse sentido, esforço foi feito pela Organização das Nações Unidas que, na Carta de São Francisco, em seu art. 2.º, acabou por pautar os princípios que orientam a ação isolada e as relações entre os Estados no plano internacional, bem como a produção de normas jurídicas derivadas dessas relações, prescrevendo, como princípios de seus Estados-membros:
a) a igualdade entre os Estados;
b) a boa-fé;
c) solução pacifica de controvérsias;

---

[285] CANÇADO TRINDADE, Antônio Augusto. **O Direito Internacional em um Mundo em Transformação.** Rio de Janeiro: Renovar, 2002. p 737.

d) não-intervenção;
e) autodeterminação dos povos; e
f) cooperação.[286]

Nesse sentido, faz-se relevante discorrer que a autodeterminação dos povos, nos primórdios dos tempos, era conceituada como um princípio de direito internacional, intimamente ligada aos direitos humanos – especificamente aos direitos de liberdade e de igualdade. Com o aprimoramento de seu conceito, e segundo as reclamações advindas da realidade, o princípio passou a incorporar-se, autonomamente, ao rol dos direitos humanos.

A autodeterminação teve um papel indubitavelmente importante em toda a história de conquistas dos direitos humanos, repousando-se, quase sempre, na justificativa que diz que, para existir o pleno gozo dos próprios direitos humanos por cada ser humano e para a materialização da igualdade de direitos entre os povos, é necessário, anteriormente, o reconhecimento da autodeterminação. Para expressar essa importância, transcreve-se o trecho:

> É evidente, pois, que há uma íntima relação entre a igualdade de direitos dos povos e o direito de autodeterminação por uma parte, e respeito aos direitos humanos e liberdades fundamentais por outra. Essa relação entre os direitos individuais e os coletivos e sua mútua alimentação foram assinaladas por Aurélio Critescu, ao considerar que: "Se bem a igualdade de direitos entre os povos e seu direito a livre determinação, é um direito coletivo, não é menos certo que interessa também a cada pessoa, posto que a privação deste direito acarretaria na privação de direitos individuais. O direito dos povos à livre determinação é um direito fundamental, sem o qual não é possível desfrutar plenamente dos demais direitos. Constitui um princípio do direito subjetivo mais importante dos direitos humanos. Este direito é, dessa forma, um direito coletivo que pertence a todas as nacionalidades e a todos os povos. Os povos e nações, e com mais razões os indivíduos que as integram, não podem ser livres se não desfrutam deste direito, condição indispensável para o exercício de todos so direitos e todas as liberdades individuais. Por isso, ocupa o primeiro lugar nos Pactos Internacionais de Direitos Humanos.[287]

---

[286] MENEZES, Wagner. **Direito internacional na América Latina**. Curitiba: Juruá, 2007. p.203.

[287] TRAVIESO, Juan Antonio. ***Derechos humanos y derecho internacional***. 2.ed. Buenos Aires: Heliasta, 1996. p.61.

Para o real entendimento da própria autodeterminação dos povos, faz-se necessária uma breve análise dos principais acontecimentos que motivaram o seu surgimento, o seu papel histórico e a sua inclusão aos princípios de Direito Internacional.

No desenrolar dos fatos, avista-se que, nos primórdios da história, a preocupação com a autodeterminação dos povos era quase inexistente, sendo que só passou a ser efetiva no século XX. Vale lembrar que, por muito tempo, quando o modelo colonialista imperava, não existia qualquer motivação por parte da sociedade internacional para que se desenrolasse a autodeterminação dos povos, uma vez que o colonizador impunha seus valores ao povo colonizado e não se preocupava se a vontade deste último vinha a ser diferente da sua, formando assim, uma relação totalmente desequilibrada e perpetradora de violências.

Nessa mesma época citada, pode ser dito que o principal fator que não permitiu a efetivação da autodeterminação fora a escravidão. Uma vez que o povo escravizado era considerado, sob os mais diversos aspectos, inferior, não se pode imaginar o desenvolvimento, conjuntamente à escravidão, de uma autodeterminação baseada na igualdade de direito e condições aos povos.

Apesar de toda essa situação caótica, a autodeterminação começou a ser formulada, mas ainda de maneira muito incipiente. Fora apenas após a Primeira Guerra Mundial, com o Pacto da Liga das Nações, que a autodeterminação passou a ser considerada como um princípio geral de Direito Internacional Público. Dessa forma, assim pode ser descrito:

> Originalmente, o princípio da autodeterminação tato foi concebido como direito individual de rebelião contra a tirania quanto o de lutas sucessivas dos povos contra diferentes formas de libertação e de luta contra a dominação. Inicialmente princípio político entra em seguida no direito positivo depois da Primeira Guerra Mundial (Wilhem, Marianne, 1992:7).[288]

Mas fora com a Carta das Nações Unidas, em 1945, que se cristalizaram as bases do princípio da autodeterminação, abandonando a ideia que tal princípio teria um caráter meramente moral e político. Assim sendo, faz-se alusão ao primeiro artigo da carta, segundo parágrafo, e ao artigo 55, inciso *c*:

---

[288] BARBOSA, Marco Antonio. **Autodeterminação: direito à diferença**. São Paulo: Plêiade, 2001. p.316.

Artigo 1º, § 2.º: Fomentar entre as nações relações de amizade, baseada no respeito ao princípio da igualdade de direito e à livre determinação dos povos, e tomar outras medidas adequadas para fortalecer a paz universal.

Artigo 55, inciso *c*: Com o propósito de criar condições de estabilidade e bem-estar necessários para as relações pacificas e amistosas entre as nações, baseadas no respeito ao princípio de igualdade de direitos e à livre determinação dos povos, a Organização promoverá: [...] c) o respeito universal aos direitos humanos e às liberdades fundamentais de todos, sem fazer distinção por motivos de raça, sexo, idioma ou religião[...].[289]

No ano de 1960, despontou, no âmbito da ONU, a Resolução 1514[290], da Assembleia Geral, aprovando a Declaração sobre a Concessão de Independência aos Países e aos Povos Coloniais, entendendo-se, a partir de então, que a autodeterminação seria um direito, elencado na categoria de direitos humanos, nos termos do documento.

1. A sujeição dos povos a uma subjugação, dominação e exploração estrangeiras constituem uma denegação dos direitos humanos fundamentais, e contraria a Carta das Nações Unidas, comprometendo a paz e a cooperação mundial.

2. Todos os povos têm o direito de livre determinação; em virtude desse direito, eles determinam livremente seu *status* político e continuam livremente seu desenvolvimento econômico, social e cultural.[291]

A mesma linha de raciocínio é retomada em outros dois pactos: Pacto Internacional dos Direitos Civis e Políticos e Pacto Internacional dos Direitos Econômicos, Sociais e Culturais, ambos datados no ano de 1966. Após, em 1984, o Comitê de Direitos Humanos veio a conceituar, de maneira objetiva, o direito de autodeterminação tratado em ambos os pactos. De maneira detalhada, transcreve-se tal trecho sobre a questão:

---

[289] TRAVIESO, Juan Antonio. ***Derechos humanos y derecho internacional***. 2.ed. Buenos Aires: Heliasta, 1996. p.65.

[290] UNITED NATIONS. **A/RES/1514(XV)**, 14 December 1960. Disponível em: https://documents-dds-ny.un.org/doc/RESOLUTION/GEN/NR0/152/88/PDF/NR015288.pdf?OpenElement. Acesso em: 29 de junho de 2021.

[291] TRAVIESO, Juan Antonio. ***Derechos humanos y derecho internacional***. 2.ed. Buenos Aires: Heliasta, 1996. p.67.

Os dois Pactos de Direitos Humanos das Nações Unidas (o de Direitos Civis, políticos, e o de Direitos Econômicos, Sociais e Culturais, de 1966) determinam, em seu artigo 1, que "todos os povos têm direito à autodeterminação", e, em virtude desse direito, "determinam livremente o seu estatuto político e asseguram livremente seu desenvolvimento econômico, social e cultural." Em seu comentário geral n.º 12 (de 1984) sobre esta disposição, o Comitê de Direitos Humanos (órgão de supervisão do Pacto de Direitos Civis e Políticos) conceitualizou o direito de autodeterminação como "um direito inalienável de todos os povos", cuja realização constitui uma "condição essencial" para a garantia efetiva e a observância dos direitos humanos individuais; é o que se pode depreender de sua própria consagração no artigo 1.º de ambos os Pactos de Direitos Humanos das Nações Unidas – acrescentou o Comitê –, antes e acima de todos os direitos nestes consignados. Destacou, enfim, o Comitê, a importância do parágrafo 3 do artigo 1 de ambos os Pactos, em virtude do qual os Estados-Partes assumem obrigações " não só em relação a seus próprios povos mas *vis-à-vis* todos os povos que não tenham sido capazes de exercer ou tenham sido privados da possibilidade de exercer seu direito de autodeterminação".[292]

A partir dos documentos internacionais aqui estabelecidos, pode-se crer que a normatividade internacional incluiu o princípio da autodeterminação dos povos no rol dos direitos humanos, sendo que se porventura um Estado não vier a respeitá-lo e implementá-lo, poder-se-á considerá-lo como perpetrador de violência contra a própria totalidade dos direitos humanos.

Ademais, debate-se que a autodeterminação dos povos vincula a construção de seu conceito aos tempos coloniais, uma vez que fora durante esse período que houve uma vasta repressão aos povos que na colônia se encontravam. Levando em conta o contexto de reivindicações, o princípio da autodeterminação passa a ser uma norma imperativa de Direito Internacional, visando, cada vez mais, a sua efetividade para todos aqueles povos que se encontravam em um regime de opressão. Também, tal direito garantiria a possibilidade de finalizar as mais variadas formas de dominação, exploração e imperialismo que, infelizmente, ainda se encontram presentes.

---

[292] CANÇADO TRINDADE, Antônio Augusto. **O Direito Internacional em um Mundo em Transformação**. Rio de Janeiro: Renovar, 2002. p.736.

Enfatiza-se, nesta perspectiva, a partir da autodeterminação dos povos, uma nova concepção das normas imperativas de Direito Internacional: estariam, no corpo de tais normas, princípios como a autodeterminação dos povos[293] que agregaria, outros valores, tais como a pluralidade, a não--discriminação e a proibição da segregação.

Neste desenrolar, a autodeterminação dos povos sofreu influências peculiares, tais como das minorias em determinados territórios, sendo assim são descritas:

> O exercício do direito de autodeterminação dos povos floresceu precisamente nas experiências de plebiscitos e consultas aos habitantes dos territórios sob mandato (e no regime das minorias sob a Liga das Nações), sob tutela e sem governo próprio – as quais, por sua vez, fomentaram o desenvolvimento do preparo político e educacional.[294]

A partir de tais informações, e alicerçado no Direito Internacional, aflora-se o entendimento que a autodeterminação dos povos nasce a partir de três Resoluções da Assembleia Geral da ONU, todas de 1960, quais sejam: Resolução 1514; Resolução 1541 e Resolução 1542.[295]

A Resolução 1514[296], intitulada de Declaração sobre a Concessão da Independência aos Países e Povos Coloniais, trouxera consigo o entendimento que todas as formas de colonialismo deveriam ser combatidas, acendendo a afirmação do direito à autodeterminação dos povos.

> As vozes da comunidade internacional invocando o abando- no do colonialismo aliadas à uma anuência – se bem que lábil – dos países ocidentais preparam o terreno para que a Assembleia Geral adotasse duas importantes resoluções. Uma das resoluções mais conhecidas é a Resolução 1514 (XV) adotada pela Assembleia no dia 14 de dezembro de 1960 e intitulada

---

[293] BEN-DOR, Oren. The One-State as a Demand of International Law: Jus Cogens, Challenging Apartheid and the Legal Validity of Israel. *Holy Land Studies*, 12, 181-205, p. 2013

[294] CANÇADO TRINDADE, Antônio Augusto. **O Direito Internacional em um Mundo em Transformação**. Rio de Janeiro: Renovar, 2002. p.735.

[295] EM DIREITO. **Os "Ventos de Mudança" e a Resistência Portuguesa**. Disponível em: https://media.rtp.pt/descolonizacaoportuguesa/pecas/os-ventos-de-mudanca-e-a-resistencia-portuguesa/. Acesso em: 06 de junho de 2021.

[296] UNITED NATIONS. **A/RES/1514(XV)**, 14 December 1960. Disponível em: https://documents-dds-ny.un.org/doc/RESOLUTION/GEN/NR0/152/88/PDF/NR015288.pdf?OpenElement. Acesso em: 29 de junho de 2021.

"Declaração sobre a concessão da independência aos Países e Povos coloniais". A resolução em pauta, aprovada com o voto de 89 países e com 9 abstenções, fixando como ponto de partida "the necessity of bringing to a speedy and unconditional end colonialism in all its forms and manifestations", proclama nos seus diversos artigos as intenções de garantir o princípio de autodeterminação, condenando expressamente a prática do colonialismo em todas as suas formas e manifestações.[297]

No que se refere à Resolução 1541, tal documento enuncia as situações que um determinado território poderia associar ou integrar-se a um Estado soberano; em relação à Resolução 1542, imputou responsabilidade única e exclusivamente a Portugal – ainda que, frente a uma interpretação extensiva, pudesse determinar a maneira de interpretar situações análogas em realidades de outros Estados -, estabelecendo a exigência que tal país reportasse a situação de seus territórios ao organismo internacional.[298]

Percebe-se, assim, que a autodeterminação dos povos não justifica todo e qualquer ato que se demonstre incompatível com a integridade territorial do Estado, não se estabelecendo como legitimadora da abrupta ruptura para com o governo cujo qual se encontra sob seus auspícios. De toda forma, também não se pode perder de vista que a autodeterminação vem a ser dos povos, e não do monopólio estatal. Nesta seara, constata-se que aceitar o direito à autodeterminação como sendo do Estado acarretaria a possível supressão dos direitos das minorias e povos.

Estabelece-se, na tentativa de se dar um entendimento harmônico na seara internacional e, reflexamente, nos palcos nacionais, que a autodeterminação é sempre dos povos, e nunca dos Estados, reafirmando o direito de todo e qualquer povo escolher o seu destino. Justificando o raciocínio, cita-se:

> Desenvolvimentos recentes no direito internacional contemporâneo revelam as dimensões tanto externa como *interna* do direito de autodeterminação dos povos: a primeira significa o direito de todo povo de estar livre de qual-

---

[297] BIAZI, Chiara Antonia Sofia Mafrica. O Princípio de Autodeterminação dos Povos Dentro e Fora do Contexto da Descolonização. **Rev. Fac. Direito UFMG, Belo Horizonte**, n. 67, pp.181-212, jul./dez. 2015. p.187.

[298] EM DIREITO. **Os "Ventos de Mudança" e a Resistência Portuguesa.** Disponível em: https://media.rtp.pt/descolonizacaoportuguesa/pecas/os-ventos-de-mudanca-e-a-resistencia-portuguesa/. Acesso em: 06 de junho de 2021.

quer forma de dominação estrangeira, e a segunda refere-se ao direito de todo povo de escolher seu destino e afirmar a sua própria vontade, se necessário contra seu próprio governo. Esta distinção, acolhida pela doutrina contemporânea, desafia o paradigma puramente interestatal do direito internacional clássico: a emergência do Direito Internacional dos Direitos Humanos vem concentrar a atenção no tratamento dispensado pelo Estado a todos os seres humanos sob a sua jurisdição, nas condições de vida da população, em suma, na função do Estado como promotor do bem comum.[299]

Ademais, a autodeterminação dos povos deve se adequar aos aspectos culturais do povo que a reclamar. Além do aspecto cultural, outro ponto de extrema importância para compreendê-la repousa na análise de qual momento seria passível o exercício de tal princípio, sendo, neste caso, especificamente quando, então, o direito à diferença não fosse respeitado em um território nacional específico.[300]

Com fundamento no manifestado, há de se realçar que, na teoria própria do Direito Internacional Público, a autodeterminação vem a ser, inegavelmente, um princípio jurídico. A partir de tal natureza, vem a partilhar da completude para com outros princípios gerais do direito, a partir de sua conceituação aberta. Vem, também, já que sua demanda societária vem atrelada aos movimentos de descolonização, a dissociar-se da autodeterminação econômica, fazendo com que demandas que versam única e exclusivamente sobre tal fundamento não encontrem respaldo no princípio em alusão. E, por último, parece estar indissociavelmente ligado, em

---

[299] BARBOSA, Marco Antonio. **Autodeterminação: direito à diferença**. São Paulo: Plêiade, 2001. p.322.

[300] *Para bem compreender o contexto em que a autodeterminação deveria ser percebida é necessário se levar em conta situações contemporâneas, pois, o ato de dominação não se limita à situação colonial ou pós-colonial. O ato de dominação ocorre também no interior dos Estados constituídos; além disso, as lutas sociais também não se situam exclusivamente nos campos do político e do econômico, atingindo também o plano da cultura, de modo que seria reducionista querer resumir a autodeterminação aos aspectos políticos e econômicos porque não pode haver real independência sem também o respeito à identidade cultural, tanto que é exatamente pela busca da afirmação de uma identidade cultural específica, própria, que se sustentam diversos movimentos de emancipação política de vários povos (Wilhelm, ibidem p.8). [...] Identidade cultural e autodeterminação são indissociáveis. A identidade cultural é o critério último na definição de povo, sujeito ativo do direito à autodeterminação e desencadeia, consequentemente, o processo de autodeterminação. Apenas a autodeterminação pode ser o instrumento adequado para proteger a identidade cultural dos povos e, por conseguinte garantir o direito à diferença.* BARBOSA, Marco Antonio. **Autodeterminação: direito à diferença**. São Paulo: Plêiade, 2001. p.323-324.

suas várias nuances, à necessidade de se compreender o território e como o direito de propriedade, ainda que com caráter individual em seus primórdios, alcança níveis comunitários e vem a influir na (possível) consolidação da autodeterminação dos povos.

A posição atual é de que a autodeterminação é um princípio jurídico [...]. As suas ramificações precisas noutros contextos não estão ainda esclarecidas, sendo difícil tratar com justiça estes problemas num curto espaço. Esta questão apresenta três aspectos. Em primeiro lugar, este princípio inspira e completa outros princípios gerais de Direito Internacional, *videlicet*, a soberania do Estado, a igualdade dos Estado e a igualdade dos povos dentro de um Estado. Assim, a autodeterminação é empregue em conjunção com o princípio da não ingerência em relação ao uso da força noutros casos. Em segundo lugar, o conceito de autodeterminação foi aplicado no contexto diferente da autodeterminação econômica. Em ultimo lugar, este princípio parece ter corolários que podem incluir os seguintes: a) se um território for apropriado pela força e se o objectivo for a implementação deste princípio, então o título pode provir, graças à aquiescência e reconhecimento gerais, mais rapidamente do que em outros casos de apropriação ilegal de um território; b) este princípio pode compensar a falta parcial de certos *desiderata* nos campos de qualidade de Estado e do reconhecimento; c) a intervenção destinada a combater um movimento de libertação pode ser ilícita, enquanto que o auxílio a esse movimento pode ser lícito; d) em caso de abandono pelo soberano actual, o território habitado por povos não organizados num Estado não pode ser considerado como *terra nullius* suceptível por Estados individuais.[301]

O que também se argumenta é que a autodeterminação dos povos tem uma íntima relação com a soberania dos Estados, principalmente se considerada como norma *jus cogens*, visto que não dependerá da livre vontade dos Estados a sua implementação, sendo cogente para tais sujeitos.[302]

Ademais, tendo a ONU reconhecido, logo no primeiro artigo de sua Carta[303], a autodeterminação como um signo chave dos direitos humanos,

---

[301] BROWNLIE, Ian. **Princípios de direito internacional público**. 4.ed. Lisboa: Edição da Fundação Calouste Gulbenkian, 1997. p.619-620.

[302] TRAVIESO, Juan Antonio. ***Derechos humanos y derecho internacional***. 2.ed. Buenos Aires: Heliasta, 1996. p.70-71.

[303] *Article 1. The Purposes of the United Nations are: 1.To maintain international peace and security, and to that end: to take effective collective measures for the prevention and removal of threats to the peace,*

bem como toda a teoria do *jus cogens* abraçado toda a axiologia própria de tal direito, constata-se uma inclinação à ampliação do rol de normas *jus cogens* a partir das Resoluções anteriormente citadas da Assembleia Geral (ONU), considerando que tais estabelecem que a declaração da autodeterminação dos povos estaria em consonância com o processo de formação de *jus cogens*.

Ainda, a Corte Internacional de Justiça (CIJ) entendeu que, segundo algumas premissas, e justificada pela autodeterminação dos povos, um povo pode vir a requerer sua soberania, segundo a afirmação do direito à autodeterminação, uma vez que esse deve ser efetivo a qualquer que seja o povo, devendo este último desfrutar de uma identidade política coletiva própria.

Adentrando às situações analisadas pela CIJ, pode-se destacar o voto do juiz Sebutinde, de 1965, no caso *Legal Consequences of the Separation of the Chagos Archipelago from Mauritiu*. Neste, o juiz arguiu que a Corte perdeu a oportunidade de reconhecer o direito à autodeterminação no contexto da descolonização como norma de *jus cogens*[304]. Não obstante, ainda que com essa falha da CIJ, a Comissão de Direito Internacional (ONU) estabeleceu, em 1963, a autodeterminação como regra imperativa de Direito Internacional (*jus cogens*).

Finalmente, entende-se que a autodeterminação dos povos deve ser constatada como uma regra *jus cogens*, cuja qual o Estado deverá promover, proteger e estabelecer meios para sua efetivação. Se o Estado não agir de tal forma, deve ser plenamente passível a sua demanda em foros internacionais e, inclusive, que seja imputada a responsabilidade internacional ao Estado, visto que a autodeterminação, em último escopo, garante não apenas a concretização de tantos outros direitos humanos, mas "a determinação pelo povo do destino do território, e o território determinar o destino do povo".[305]

---

and for the suppression of acts of aggression or other breaches of the peace, and to bring about by peaceful means, and in conformity with the principles of justice and international law, adjustment or settlement of international disputes or situations which might lead to a breach of the peace; (...). **CHARTER OF THE UNITED NATIONS**. Disponível em: https://www.un.org/en/sections/un-charter/chapter-i/index.html. Acesso em: 24 de maio de 2021.

[304] CORTE INTERNACIONAL DE JUSTIÇA. Separate Opinion of Judge Sebutinde (Legal Consequences of the Separation of the Chagos Archipelago from Mauritius in 1965), Advisory Opinion of 25 February 2019.

[305] Cançado Trindade, Antônio Augusto. **O Direito Internacional em um Mundo em Transformação**. Rio de Janeiro: Renovar, 2002. p.138.

3.3. O Direito Internacional dos Direitos Humanos e as minorias étnicas

Antes de se adentrar especificamente ao entendimento do que são as chamadas minorias, há de se destacar a importância suma da compreensão do processo de internacionalização dos direitos humanos, que resultou na configuração de um novo ramo jurídico chamado de Direito Internacional dos Direitos Humanos.

Assim, o processo de internacionalização dos direitos humanos acompanhou a própria humanização do Direito Internacional. Se outrora os direitos humanos eram considerados ramo do Direito Internacional Público, subjugados à vontade soberana dos Estados, o processo evolutivo do Direito e da sociedade fez com que hoje sejam considerados como ramo autônomo jurídico, reclamando conceitos e normatividade própria que alcancem a proteção que lhes é indispensável.

Considera-se o processo de internacionalização dos direitos humanos a partir de dois momentos: da segunda metade do século XIX até a 2ª Guerra Mundial; e pós 2ª Guerra, quando do nascimento da Organização das Nações Unidas.

A primeira fase – ou também conhecida como primeiros precedentes históricos do processo de internacionalização dos direitos humanos – atrela-se ao surgimento do Direito Humanitário, da Liga das Nações e da Organização Internacional do Trabalho. Concentrando esforços na compreensão do Direito Humanitário, diz-se ser este a *lei da guerra*, sendo o *ramo do Direito dos Direitos Humanos que se aplica aos conflitos armados internacionais e, em determinadas circunstâncias, aos conflitos armados nacionais.*[306]

Quanto ao surgimento da Liga das Nações, após a 1ª Guerra Mundial, valem algumas considerações. Proposta, em Paris, pela Conferência da Paz, em 1919, assentou suas bases na cooperação internacional, objetivando a consolidação da paz e da segurança internacional. Entendeu-se que estas só seriam alcançadas se houvesse o dispêndio de atenção e de esforços partilhados entre os diversos Estados.

Por último, neste entrecho, tem-se o papel atribuído à Organização Internacional do Trabalho (*International Labour Organization*). Criada em 1919, destacou-se por consolidar padrões internacionais para o trabalho

---

[306] BUERGENTHAL, Thomas. **International Human Rights**. Minnesota: West Publishing, 1988. p.190.

– condições, equiparação de gênero e salário, entre outros. Fora crucial para o processo de internacionalização dos direitos humanos por contar com convenções de observância obrigatória aos Estados que da Organização participavam.[307]

As circunstâncias aqui expostas, como precursoras dos processos de internacionalização dos direitos humanos, trouxeram grandes inovações: diversificaram o campo de atuação do Direito Internacional, abrigando interesses além do relacionamento entre Estado – Estado, ou Estado – organismos internacionais, supervisionando a efetivação dos direitos humanos pelos Estados aos indivíduos, além de disponibilizarem instrumentos e meios próprios para tanto, já que estes direitos se internacionalizaram.

Sucede-se que o Direito Internacional dos Direitos Humanos, como hoje se apresenta, estabelecera-se, definitivamente, com o final da Segunda Guerra, vindo a ser compreendido como o *conjunto de normas internacionais criadoras e processadoras das obrigações do Estado em respeitar e garantir certos direitos a todos os seres humanos, sob sua jurisdição, sejam nacionais ou não*.[308]

Considera-se como marco inicial da disciplina chamada de Direito Internacional dos Direitos Humanos a Carta das Nações Unidas – também chamada de Carta de São Francisco -, de 1945. Fora providencial seu surgimento, visto que elencara, expressamente, a locução *direitos humanos*[309], positivando, ainda, a cooperação para consecução de seus objetivos. Vale considerar, acerca do tema, a passagem abaixo:

> A criação das Nações Unidas, com suas agências especializadas, demarca o surgimento de uma nova ordem internacional, que instaura um novo modelo de conduta nas relações internacionais, com preocupações que incluem a manutenção da paz e segurança internacional, o desenvolvimento de relações amistosas entre os Estados, a adoção da cooperação internacional no plano

---

[307] No ensinamento de Antonio Cassesse: *Imediatamente após a Primeira Guerra Mundial, a Organização Internacional do Trabalho (OIT) foi criada e um de seus objetivos fora o de regulamentar as condições dos trabalhados em âmbito mundial. Os Estados foram encorajados a não apenas elaborar e aceitar as Convenções Internacionais (relativas á igualdade de remuneração no emprego para mulheres e menores, à jornada de trabalho noturno, à liberdade de associação, dentre outras), mas também a cumprir novas obrigações internacionais.* p. 172.

[308] SIMMA, Bruno. **International Human Rights and General International Law: a comparative analysis**. Netherlands: Kluwer Law International, 1995. p.166.

[309] Como exemplo, tem-se seu artigo 55, alínea *c*, tratando sobre o *respeito universal e efetivo dos direitos humanos e das liberdades fundamentais para todos, sem distinção de raça, sexo, língua ou religião.*

econômico, social e cultural, a adoção de um padrão internacional de saúde, a proteção ao meio ambiente, a criação de uma nova ordem econômica internacional e a proteção internacional dos direitos humanos.[310]

Alude-se à Declaração Universal dos Direitos Humanos[311], datada de 10 de dezembro de 1948. Elaborada no âmbito da ONU, estipulara a universalidade e a afirmação ética dos direitos humanos, impossibilitando reservas acerca dos temas ali contidos.

O objetivo central deste documento fora a consolidação do respeito à dignidade da pessoa humana e o advento de uma nova sociedade global pautada nos valores dos direitos humanos. Ainda, assentou como requisito único a condição de ser humano para gozo e proteção dos direitos ali referenciados. [312]

Conclui-se irrefutável o caráter universal dos direitos humanos a partir da Declaração de Direitos de 1948, justamente por prever, expressamente, em seu art. II, que *toda pessoa tem capacidade para gozar os direitos e liberdades estabelecidas na Declaração, sem distinção de qualquer espécie, seja de raça, cor, sexo, língua, religião, opinião política ou de qualquer outra natureza, origem nacional ou social, riqueza, nascimento, ou qualquer outra distinção*. A doutrina garante o entendimento acima elencado, quando propõe que, a partir de tal documento, fora possibilitada uma normatividade congruente e protetiva a todos os indivíduos, apenas por sê-los. Coordena-se:

> No tocante à sua *projeção normativa*, constituíram ambas as Declarações um ímpeto decisivo, como já indicado, no processo de *generalização* da proteção internacional dos direitos humanos que as quase cinco últimas décadas têm testemunhado. Este processo passou a visar a proteção do ser humano *como tal*, e não mais sob certas condições ou em setores circunscritos como no passado [...].[313]

---

[310] PIOVESAN, Flávia. **Direitos humanos e o direito constitucional internacional**. 12 ed. São Paulo: Saraiva, 2011. p. 184.

[311] Atenta-se, inicialmente, ao fato que, sendo uma declaração, não possui, por si só, caráter impositivo àqueles que com ela consentiram. Entretanto, inegável é seu teor moral, ético e jurídico, capaz de influenciar todos aqueles ordenamentos jurídicos estatais que dos valores ali mencionados compartilham

[312] PIOVESAN, Flávia. **Direitos humanos e o direito constitucional internacional**, p.137.

[313] CANÇADO TRINDADE, Antônio Augusto. **Tratado de Direito Internacional dos Direitos Humanos**. 2ª ed. Porto Alegre: Sergio Antonio Fabris Editor, 2003. p. 63

É a partir de então que se impõe moralmente[314] aos Estados a necessária conduta ativa na proteção e efetivação dos direitos humanos, traduzindo-se em preceitos constitucionais. Em ambiente internacional, influi no surgimento de instrumentos que supervisionem e fiscalizem a conduta dos Estados para com os direitos humanos de seus cidadãos.

É neste momento que irrompe a responsabilidade internacional dos Estados no campo dos direitos humanos. Esta será deflagrada quando as ações estatais de promoção e proteção dos direitos não mais se demonstrem efetivas, em consonância com a falha ou omissão de suas instituições.

Destaca-se, ainda, o fato de que o processo de universalização e internacionalização dos direitos humanos assistira à eclosão de um mundo bipolar, dividindo entre duas ideologias dominantes, o capitalismo e o socialismo, permeando e consolidando então o chamado período da Guerra Fria.

Como consequência, edificaram-se dois grandes pactos, enunciativos e juridicamente vinculantes aos Estados que viessem a fazer parte: Pacto Internacional dos Direitos Civis e Políticos (alinhados aos interesses e valores dos países capitalistas) e Pacto Internacional dos Direitos Econômicos, Sociais e Culturais (em consonância com a ideologia dos países socialistas). Ambos foram desenvolvidos em 1966, pela Resolução 2200ª (XXI) da Assembleia Geral das Nações Unidas.

Outros documentos internacionais também foram firmados, a fim de desenvolver uma estrutura normativa internacional para a proteção dos direitos humanos, quais sejam: Convenção Mundial sobre a Eliminação de todas as formas de Discriminação Racial; Convenção sobre a Eliminação de todas as formas de Discriminação contra a Mulher; Convenção contra a Tortura e outros Tratamentos ou Penas Cruéis, Desumanos ou Degradantes; Convenção sobre os Direitos da Criança; Tribunal Penal Internacional e a Convenção para a Prevenção e Repressão de Crime de Genocídio.

O problema que se observa é que os Estados, mesmo com inúmeros tratados desenvolvidos, ratificados e internalizados sobre a questão dos direitos humanos, continuam inertes aos problemas que em seu interior ocorrem sobre tais questões. Importante destacar, neste ponto, o entendimento de Cançado Trindade:

---

[314] É uma imposição moral por estar se tratando de declaração, cuja qual, não obstante a relevância de seu tema, ainda não conta com normatividade própria.

A despeito dos sensíveis avanços logrados no presente domínio de proteção nos

Assim, ao ratificarem os tratados de direitos humanos os Estados-Partes contraem, a par das obrigações convencionais atinentes a cada um dos direitos protegidos, também *obrigações gerais* da maior importância, consignadas naqueles tratados. Uma delas é a de respeitar e *assegurar o respeito* dos direitos protegidos – que requer *medidas positivas* por parte dos Estados – e outra é a de *adequar o ordenamento jurídico interno* à normativa internacional de proteção. Esta ultima requer que se adote a legislação necessária para dar efetividade às normas convencionais de proteção, suprindo eventuais lacunas no direito interno, ou então, que se alterem disposições legais nacionais com o propósito de harmonizá-las com as normas convencionais de proteção – tal como requerido pelos tratados de direitos humanos. Estas obrigações gerais, a serem devidamente cumpridas, implicam naturalmente o concurso de todos os poderes do Estado, de todos os seus órgãos e agentes.[315]

De tal modo, como forma de contornar tal cenário, desponta a proteção internacional dos direitos humanos como o *conjunto de mecanismos internacionais que analisa a situação de direitos humanos em um determinado Estado*[316], visando constatar possíveis violações ali realizadas, além de prever, para estas, reparações materiais e/ou obrigacionais.

Assim sendo, precisa-se a materialização da proteção internacional dos direitos humanos por, essencialmente, três categorias: 1) sistema de petições (reclamações individuais ou de Estados às jurisdições internacionais); 2) sistema de relatórios (instrumento *ex officio*, inferindo numa supervisão internacional em determinado Estado, instituído por intermédio de tratado); e 3) procedimentos de investigações (visitas *in loco*, objetivando a coleta de dados, em caráter permanente ou *ad hoc*).

Aponta-se que a proteção internacional dos direitos humanos vem abarcar organismos internacionais, contando, especialmente, com dois níveis de proteção: universal (no âmbito da Organização das Nações Unidas) e regional (no que tange ao sistema europeu, sistema interamericano e sistema africano de proteção dos direitos humanos). Não obstantente, deve-se

---

[315] CANÇADO TRINDADE, Antônio Augusto. **O Direito Internacional em um Mundo em Transformação**. Rio de Janeiro: Renovar, 2002. p.649.
[316] RAMOS, André de Carvalho. **Processo internacional de direitos humanos**. 3 ed. São Paulo: Saraiva, 2013. p. 34.

assentir que tal nível de proteção não transpõe a proteçã nacional, que continua abarcando a responsabilidade primária frente à promoção, proteção e efetivação dos direitos humanos.[317]

Assimila-se, primeiramente, a possibilidade de coexistência de todos estes sistemas, aplicando-se a norma mais favorável à vítima[318], pela coordenação destes mecanismos. Aponta-se, ainda, ao fato de que *o esgotamento de um mecanismo não exaure o direito da vítima de utilizar-se de outro mecanismo que garanta seus direitos violados.*[319]

Verifica-se, assim, que a própria internacionalização dos direitos humanos visa a consolidar um ideal mínimo para todos os indivíduos, garantindo, assim a dignidade da pessoa humanada para toda e qualquer comunidade, abraçando, inclusive, suas diferenças. É nesse ponto que se estabelecem as bases compreensivas que os direitos humanos devem ser garantidos para todos os indivíduos, especialmente para as minorias. Não obstante, a partir de seu histórico de constantes e latentes violações a seus direitos, as minoriais emergiram na compreensão dos direitos humanos a partir de uma ebulição social própria que, a partir daqui, passa a ser examinada.

3.3.1. Conceito de minoria

Inicialmente, aduz-se que não há uma concepção de minoria que seja globalmente aceita, uma vez que a definição de minoria depende de uma determinada realidade, podendo assumir diversos conceitos e feições. Ocorre que o conceito que mais amplamente se utiliza, em relação à definição de minoria, é aquele desenvolvido por Francesco Capotorti, ex-Relator Especial das Nações Unidas:

> Um grupo numericamente inferior ao resto da população de um Estado, em posição não dominante, cujos membros – sendo nacionais desse Estado – possuem características étnicas, religiosas ou linguísticas diferentes das

---

[317] RAMOS, André de Carvalho. **Processo internacional de direitos humanos**. 3 ed. São Paulo: Saraiva, 2013. p. 343.

[318] Para Cançado Trindade, *no domínio da proteção dos direitos humanos interagem o direito internacional e o direito interno movidos pelas mesmas necessidades de proteção, prevalecendo as normas que melhor protejam o ser humano.* CANÇADO TRINDADE, Antônio Augusto. **A evolução da proteção dos direitos humanos e o papel do Brasil**. Brasília: Instituto Interamericano de Derechos Humanos, 1992. p. 34.

[319] RAMOS, André de Carvalho. **Processo internacional de direitos humanos**. 3 ed. São Paulo: Saraiva, 2013. p. 345.

do resto da população e demonstram, pelo menos de maneira implícita, um sentido de solidariedade, dirigido à preservação da sua cultura, das suas tradições, religião ou língua.[320]

Inicialmente, vale dizer que a discussão sobre as minorias entrou na pauta internacional devido às mudanças territoriais decorrentes na Europa, logo após o fim dos conflitos da Primeira e Segunda Grandes Guerras Mundiais, ditando-se muito mais por interesses políticos que visando, efetivamente, proteger os grupos sem força expressiva em um determinado Estado.

Adentrando à previsão da Corte Permanente de Justiça Internacional (CPJI), sua interpretação sobre minorias se deu em 31 de julho de 1930, a partir de uma opinião consultiva que visava estabelecer parâmetros sobre a emigração das comunidades greco-búlgaras[321]. Neste sentido, a CPJI estipulou que o conceito de minorias estaria interligado ao conceito de comunidade, cujo qual, por sua vez, dependeria de traços específicos a partir de uma raça, religião, idioma, tradições, educação e sentimento de pertencimento à comunidade. Frisa-se o seu entendimento a partir da seguinte passagem:

> Segundo a tradição, a "comunidade" é um grupo de pessoas que vivem em um país ou localidade determinada, tem uma raça, religião, língua e tradições que lhes são próprias e estão unidas por uma identidade de essa raça, religião, língua e tradição em um sentimento de solidariedade para conservar suas tradições, manter seu culto, assegurar a instrução e educação de seus filhos de acordo com o gênero de sua raça e ajudar-se mutuamente [...] A questão é... uma comunidade determinada está ou não conforme com a noçao anteriormente descrita é uma questão de fato [...] A existência das comunidades é uma questão de fato, não de direito [...] A Corte opina por unanimidade que deve responder como segue as perguntas que lhe tem sido formuladas: 1. O critério de conceito de comunidade, tal como se coloca nos artigos do Convênio [...] é a existência de uma coletividade de pessoas que habitam em um país ou

---

[320] CAPOTORTI, Francesco. *Study on the Rights of Persons Belonging to Ethnic, Religious and Linguistic Minorities*. United Nations Office of the High Commissioner for human Rights (UNOHCHR), 1998.
[321] THONBERRY, Patrick. *International Standards in Education Rights and Minorities*. Brixton: Minority Rights Group International, 1994.

localidade dados, pertencem a uma raça, professam uma religião, falam um idioma e dessas tradições, mantém seu culto, asseguram a instrução e educação de seus filhos conforme o gênero de sua raça, e ajudam-se mutuamente. (CPJI, apud KIPER, 1998, p.56)[322]

Já no âmbito da Subcomissão para Prevenção da Discriminação e Proteção das Minorias, sendo notoriamente o primeiro esforço das Nações Unidas para encontrar um conceito universalmente aceito da palavra *minoria*, datando-se em 1950, sugeriu-se, em suma, tais pontos[323]:

1. O termo só se aplicaria aos grupos não-dominantes de uma população que possuem e querem conservar tradições ou características étnicas, religiosas ou linguísticas estáveis, nitidamente distintas das do restante de toda a população.
2. Seria conveniente que essas minorias contassem com um número suficiente de pessoas para que pudessem preservar, por si mesmas, suas características.
3. As minorias devem demonstrar sua lealdade ao Estado que fazem parte.

Segundo Kiper[324], lembra-se que vários dos membros da Subcomissão vieram a criticar esses próprios pontos, isto por entenderem que o documento em referência continha algumas disposições que poderiam excluir da definição certos grupos nacionais que deveriam, sem embargo, gozar de proteção especial como minorias. Manifestaram, assim, que ao mencionar unicamente os grupos que desejam "conservar tradições ou características étnicas, religiosas ou linguísticas", introduziu-se um elemento subjetivo: os Estados quem seriam os responsáveis, em última análise, por confirmar se tais grupos gostariam, de fato, de conservar tradições, abrindo-se à possibilidade para se perpetrarem violações aos direitos de tais comunidades, caso assim não fosse entendido.

---

[322] PERMANENTE COURT OF INTERNATIONAL JUSTICE. Interpretation of the Convention Between Greece and Bulgaria Respecting Reciprocal Emigration. Advisory Opinion of 31 August 1930.
[323] KIPER, Claudio Marcelo. ***Derechos de las minoria ante la discriminación***. Buenos Aires: Hammurabi, 1998.
[324] KIPER, Claudio Marcelo. ***Derechos de las minoria ante la discriminación***. Buenos Aires: Hammurabi, 1998.

Ainda, alguns entenderam que na definição da Subcomissão não estaria suficientemente destacada a diferença entre minorias e estrangeiros que residem em outro Estado (migrantes). Assinalou-se, ainda, que seria difícil compreender como poderiam fazer um estudo sobre todas as minorias que necessitam de medidas especiais de proteção, particularmente pela ausência de um critério que permitiria determinar quais minorias necessitariam de tal proteção de imediato e quais poderiam existir sem as tais.

Neste sentido, é inegável, como afirma Bagley, que "o problema das minorias consiste em uma realidade cheia de problemas particulares, cada um dos quais depende de uma rede de complexos fatores econômicos, sociais, históricos, étnicos e políticos".[325]

Dessa forma, no âmbito dos documentos internacionais, é imprescindível discorrer o artigo 27 do Pacto Internacional dos Direitos Civis e Políticos, cujo qual estabelece:

> Artigo 27
> Nos Estados em que hajam minorias étnicas, religiosas ou linguísticas, as pessoas pertencentes a essas minorias não poderão ser privadas do direito de ter, conjuntamente com outros membros de seu grupo, sua própria vida cultural de professar e praticar sua própria religião e usar sua própria língua.[326]

O que se constata, em termos gerais a partir de tal normativa, é que há uma previsão de proteção internacional ao direito à identidade nacional, étnica, religiosa ou linguística, bem como o direito de preservar as características, visando sua manutenção e desenvolvimento. Em suma, o art. 27 do Pacto vem a tratar sobre a proteção dos indivíduos integrantes de um grupo minoritário, não podendo o Estando, então, garantir direitos apenas àqueles que considera como seus nacionais.

Constatam-se alguns problemas em relação a tal artigo. O primeiro deles vem a ser que o próprio Estado é quem, em última análise, fará o reconhecimento se uma determinada parcela societária será ou não considerara como minoria, guardando, aí, a necessidade de se ter concretizado tal rol de direitos. Ademais, a partir de uma interpretação taxativa do artigo, poder-se-ia imaginar que há a exclusão de algumas minorias que

---

[325] BAGLEY, Tennet H. **General Principles and Problems in the International Protection of Minorities**. Genebra: Imprimeries Populaires, 1950. p.9.
[326] BRASIL. **Decreto n. 596**, de 6 de julho de 1992.

não abarquem os caracteres étnicos, religiosos ou linguísticos, ficando, assim, desamparadas da proteção.[327]

Em um desenrolar histórico, vale pontuar que no Seminário sobre a Promoção e Proteção dos Direitos Humanos das Minorias Nacionais, Étnicas e de Outro Tipo, celebrado em 25 de junho a 8 de julho, de 1974, em Ohrio, na antiga Iugoslávia, resumiu-se que a diversidade das condições históricas, econômicas e sociais existentes em determinadas regiões do mundo seria um obstáculo para formular um conceito ou definição geral do termo minoria. Alguns grupos minoritários estavam muito disseminados, ao passo que outros se encontravam concentrados formando uma maioria em certas regiões de um determinado país. Assim, entendeu-se que o termo em questão se aplicaria, em alguns casos, a grupos nacionais, étnicos ou raciais e em outros, apenas a grupos linguísticos ou religiosos.[328]

Ainda que não vinculativo aos Estados, em 1992, a Assembleia Geral das Nações Unidas aprovou a Declaração das Nações Unidas sobre os Direitos das Pessoas Pertencentes a Minorias Nacionais ou Étnicas, Religiosas e Linguísticas[329], correspondendo a um grande marco na proteção internacional dos direitos das minorias. Neste sentido, relata-se que este é o único documento da ONU que, de fato, trata especificamente sobre a questão das minorias, garantindo-lhes o direito à identidade cultural, religiosa, de reunião, bem como a sua participação plena na sociedade. Em relação aos Estados, impõe-se, ainda que moralmente, a adoção de medidas para promoção e proteção dos direitos, devendo estabelecer condições aptas ao exercício de tais direitos por aquelas comunidades.[330]

---

[327] MAHLER, Claudia; MIHR, Anja; TOIVANEN, Reetta. *The United Nationas decade for human rights education and the inclusion of national minorities*. Frankfurt: Peter Lang, 2009.

[328] KIPER, Claudio Marcelo. *Derechos de las minoria ante la discriminación*. Buenos Aires: Hammurabi, 1998.

[329] DECLARAÇÃO DAS NAÇÕES UNIDAS SOBRE OS DIREITOS DAS PESSOAS PERTENCENTES A MINORIAS NACIONAIS OU ÉTNICAS, RELIGIOSAS E LINGUÍSTICAS. Disponível em: https://www.oas.org/dil/port/1992%20Declaração%20sobre%20os%20Direitos%20das%20Pessoas%20Pertencentes%20a%20Minorias%20Nacionais%20ou%20Étnicas,%20Religiosas%20e%20Lingu%C3%ADsticas.pdf. Acesso em: 12 de junho de 2021.

[330] *A Declaração das Nações Unidas Sobre os Direitos das Pessoas Pertencentes a Minorias Nacionais ou Étnicas, Religiosas e Linguísticas, adotada pela Assembleia-Geral das Nações Unidas, em 1992, é o único documento autônomo das Nações Unidas que trata dos direitos especiais das minorias. Nele é garantido o direito à identidade cultural e religiosa para as pessoas pertencentes a minorias, incluindo*

Trata-se de um único instrumento emanado das Nações Unidas que contempla, de maneira separada e específica, os direitos particulares das minorias e de seus membros, sendo assim que enfatiza principalmente quais são os direitos individuais das minorias nos grupos humanos que se encontram. A Declaração salva-guarda a integridade territorial e a independência política dos Estados. As minorias não têm direito de livre determinação e nem secção. [...] A Declaração não contem uma noção de minoria devido, fundamentalmente, à ausência de um consenso sobre tal questão, coisa que não se deve obstaculizar sua proteção. A falta de forca jurídica obrigatória da Declaração não significa que todos os direitos e obrigações ali contidos não tenham tal valor jurídico, porque neste âmbito são de aplicações consuetudinária.[331]

De qualquer maneira, tal Declaração veio a ser um grande – e importante – avanço no reconhecimento das diferenças. Também, para evitar os abusos que poderiam ocorrer, estabeleceram-se alguns tipos de limites a essas mesmas minorias. Como base para tais conclusões, transcrevem-se as explicações:

Os limites genéricos dos direitos das minorias vêm estabelecidos pelo respeito à integridade política dos Estados e pela existência do mínimo de direitos humanos que os particularismos culturais devem respeitar. Os direitos que são declaradamente reconhecidos às pessoas pertencentes aos grupos minoritários são amplos e possuem uma dimensão coletiva inevitável, tal como se estivessem construindo os direitos individuais. Assim, reconhece-se o direito da existência (que seria como o direito à vida), mas também, seu direito à identidade nacional, étnica, cultural, lingüística, religiosa, implicando na conseqüência que os Estados não devem absterem-se nestes aspectos, mas sim aplicarem medidas de ações positivas para que possam promover a igualdade

---

o direito à reunião, assim como a participação plena, como um todo, na sociedade. A Declaração também exige que os Esta- dos adotem medidas para protegerem e promoverem estes direitos, incluindo a obrigação de estabelecerem condições favoráveis para se conhecer e se exercer estas culturas, línguas e religiões, implementarem medidas para o progresso econômico e acesso ao sistema de segurança social do país e, adicionalmente, facilitarem a cooperação com outros Estados, no que respeita a estas matérias. IUS GENTIUM CONIMBRIGAE (Universidade de Coimbra). **O Direito das Minorias**. Disponível em: https://igc.fd.uc.pt/manual/pdfs/O.pdf. Acesso em: 23 de abril de 2021.
[331] MARTÍNEZ, Gregório Peces-Barba; CASCÓN, Angel Llamas; LIESA, Carlos Fernandéz. **Textos básicos de derechos humanos com estudios generales y especiales y comentários a cada texto nacional e internacional**. Navarra: Talleres de Editorial Aranzadi, 2000. p.524.

real e efetiva. Nesta linha, a Declaração, especificadamente em seu artigo quarto, diz-se que os Estados devem adotar medidas para a manutenção das características e promover o desenvolvimento da cultura, idioma, religião, tradição e costumes das minorias, especialmente no âmbito da educação e da língua. [...] Além disso, na Declaração se reconhece o direito à própria cultura, ao ensino e prática de sua religião e a utilização de seu idioma, no âmbito privado ou público, livremente e sem qualquer interferência e nem qualquer tipo de discriminação. Junto a esses direitos, localizam-se outros que estão em formação, no próprio direito internacional, tal como o direito a participar efetivamente na vida cultural, religiosa, social, econômica e pública, assim como o direito de participação nas decisões que se adote em nível nacional e, quando necessário, em nível regional. [332]

Com a análise desse documento, chega-se à conclusão que, mesmo sendo ele uma *"soft law"*, sem força impositiva no interior dos Estados, mas apenas dando direções ao seu devido modo de agir em uma questão, tem-se um grande avanço em relação aos direitos dos grupos minoritários, sendo que suas direções já estão traçadas, necessitando, num futuro próximo, consolidar e desenvolver-se cada vez mais em todos os segmentos da sociedade.

Segundo o conceito do autor italiano Alessandro Pizzorusso,[333] considera-se que a noção jurídica da terminologia minoria deve conter dois elementos essenciais: quem pertence a uma minoria virá a formar sempre um grupo social; a assunção no âmbito da comunidade estatal de uma posição de inferioridade.

Tendo em vista o primeiro elemento, ou seja, a formação de grupos sociais, é importante ressaltar que esse aspecto se refere a uma coletividade de pessoas, mas haja uma uniformização de suas características. Pela segunda característica, compreende-se que nem todos os grupos sociais constituem minorias, pois para que assim sejam considerados, é indispensável a posição de inferioridade no contexto nacional.

---

[332] MARTÍNEZ, Gregório Peces-Barba; CASCÓN, Angel Llamas; LIESA, Carlos Fernandéz. ***Textos básicos de derechos humanos com estudios generales y especiales y comentários a cada texto nacional e internacional***. Navarra: Talleres de Editorial Aranzadi, 2000. Tradução livre. p.524.
[333] PIZZORUSSO, Alessandro. ***Le Minoranze nel Diritto Pubblico Interno***. Milão: Giuffrè, 1967.

Ainda na perspectiva doutrinária, Rudesco entende que os indivíduos diferenciados, em termos da maioria de um Estado, a partir de sua raça, língua e religião, não estando necessariamente interligados aos movimentos migratórios. Em seus termos:

> Entende-se por minorias os agrupamentos de indivíduos que são sujeitos de um Estado, ao mesmo título que a maioria dos sujeitos, e que, entretanto, não podem ser confundidos com estes últimos, devido à diferença de raça, de língua ou de religião – e nesse mesmo contexto sua presença não está sujeita à imigração.[334]

Já para Toscano, a minoria seria a parcela populacional que se une por questões históricas, a partir de sua cultura diferenciada. Ou seja,

> aquela parte da população permanente de um Estado que, ligada por tradições históricas a uma porção determinada do território, e provida de uma cultura própria, não pode ser confundida com a maioria dos outros súditos por causa de sua diversidade de raça, língua ou religião.[335]

E, finalmente, para se ter um esboço geral de quais características devem estar presentes para a generalização conceitual de minorias, segundo os antropólogos Wagley e Harris, destacam-se:

1. São segmentos subordinados de sociedades estatais complexas.

2. As minorias têm traços físicos ou culturais especiais que são tomadas em pouca consideração pelo segmento dominante da sociedade.

3. As minorias são unidade autoconscientes, ligadas pelos traços exclusivos que seus integrantes partilham e pelas restrições que os mesmos produzem.

4. A qualidade de membro de uma minoria é transmitida pela regra de descendência, a qual é capaz de interligar gerações sucessivas, mesmo que estas não portem aparentes traços físicos ou culturais.

5. Os povos minoritários, por escolha ou necessidade, tendem a casar dentro dos limites de sua própria minoria.[336]

---

[334] RUDESCO, Alexandre Cornélius. ***Etude sur la Question des Minorités de Race, de Langue et de Religion***. Lausanne: Library Payot, 1928.
[335] TOSCANO, C. A. M. **Le minoranze di razza, di lingua, di religione, nel diritto internazionale**. International Affairs, Volume 11, Issue 1, January 1932, p. 107
[336] WAGLEY, Charles; HARRIS, Marvin. A Typology of Latin American Subcultures. Boston: American Anthropologist, 1955. p.428-451.

Conclusivamente, deduz-se que para o reconhecimento dos direitos de uma determinada minoria, deve-se, inicialmente, ter-se o reconhecimento oficial de sua existência, de uma maneira que tal grupo seja subsumido às normas internacionais de proteção às minorias.

O que se esquematiza, finalmente, é que as minorias, apesar das diversas tentativas, ainda possuem uma base esfarelada para a proteção de todos os seus direitos, provenientes do Direito Internacional e, especialmente, das ordenas jurídicas nacionais, ainda tão carentes de codificação. Esse panorama só será realmente transformado quando todos os povos e Estados julgarem que, para o desenvolvimento de toda a humanidade, deve haver os sentimentos de cooperação e solidariedade, principalmente para aquelas minorias que, ao longo de toda a sua história, sofreram com discriminações das mais variadas formas.

3.3.2. Os direitos das minorias – o caso das minorias étnicas

Apesar de não ter sido encontrada uma definição que abarque todas as minorias presentes no mundo, não se pode obstruir a concretização dos direitos das minorias.

Ocorre que outros problemas se exteriorizam quando se pensa no estabelecimento de tais direitos. Primeiramente, recorda-se que nenhum documento internacional consegue vir a tratar de todos os direitos inerentes a esses grupos. Devido às suas complexidades conceituais, existem direitos que são mais indispensáveis a um grupo minoritário que a outro, o que faz praticamente impossível englobar todos os direitos, considerados como essenciais, a todos os grupos minoritários, em um único documento.

Ademais, existem diversos níveis, graus e realidades em relação à discriminação ocorrida frente às minorias. Torna-se, de tal forma, um trabalho árduo conseguir reverter o quadro de violações perpetradas como as minorias. Em termos práticos, Kiper estabelece as seguintes consequências que deveriam ser pensadas a partir dos documentos internacionais e nacionais, quando então se tem a discriminação para com um determinado grupo minoritário:

> a) O fato de não se utilizar a funda a produção da mão-de-obra e não satisfazer inteiramente a demanda, ocasionando uma perda econômica importante.

b) A discriminação traz consigo condições sociais precárias, que inevitavelmente afetam, direta ou indiretamente, a todos os setores da comunidade, inclusive aqueles que discriminam.

c) Os povos do mundo que praticam a discriminação se impõem da pesada carga de dizer como e em que medida deverão oprimir as pessoas contra as quais discriminam.

d) Os esforços feitos por certas nações, mediante a diplomacia, a assistência econômica internacional e a participação nas atividades internacionais, para garantir a boa vontade ou o respeito de outras podem anular-se em parte devido à discriminação que praticam.

e) Os prejuízos e a discriminação criam obstáculos aos intercâmbios intelectuais entre os que discriminam e os que são vítimas da discriminação; circunstância que prejudica a ambos.

f) Segundo pesquisas recentes, a correlação entre os prejuízos e outros critérios inflexíveis e estreitos é tão clara que cabe concluir razoavelmente que a manutenção dos prejuízos está acompanhado de um critério fechado, prejudicando todo o novo e contribuindo para a incapacidade de aceitar qualquer relação humana e sua correspondência devida.

g) Uma das características de que se tem prejuízo é a de abrigar sentimentos de temor e angustia em relação aos grupos que são suas vitimas, e quando esses temores e angustias se baseiam em crenças errôneas, contribuem para que haja o aprofundamento dos preconceitos.

h) Quando o prejuízo forma parte integrante da cultura de um povo, é fácil que passe de um grupo para outro.

i) O desrespeito da lei e a negação em resolver as controvérsias por meios pacíficos são inseparáveis da existência dos prejuízos, pelo qual se acarreta o uso da violência contra um grupo dado ou lhe priva dos direitos humanos, sendo que este mesmo tratamento poderá facilmente se estender a outros grupos.[337]

No tocante às minorias étnicas, presencia-se uma situação ainda mais complicada, pois quando não há o reconhecimento de seus direitos, nega-se, por consequência, a sua própria existência, uma vez que a etnia independe da escolha do indivíduo. Em decorrência, se existe discriminação

---

[337] KIPER, Claudio Marcelo. *Derechos de las Minorias ante la Discriminación*. Buenos Aires: Hammurabi, 1998. p.49-50.

a certa minoria étnica, necessita-se de certos documentos que lhe proteja, principalmente no âmbito internacional. E são esses documentos que agora serão analisados.

O primeiro documento de relevância considerável a ser analisado, neste momento, devido ao seu cunho genérico e sua importância histórica, é a Declaração Universal dos Direitos Humanos de 1948. Esse documento acaba por se diferenciar dos demais por consolidar moralmente, no âmbito internacional, um mínimo de direitos, os quais vêm a serem inerentes à qualidade humana. Demonstra-se a importância da Declaração no trecho abaixo:

> Com efeito, a Declaração se impõe como um código de atuação e de conduta para os Estados integrantes da comunidade internacional. Seu principal significado é consagrar o reconhecimento universal dos direitos humanos pelos Estados, consolidando um parâmetro internacional para a proteção desses direitos. A declaração ainda exerce impacto nas ordens jurídicas nacionais, na medida em que os direitos nela previstos têm sido incorporados por Constituições nacionais e, por vezes, servem como fonte para decisões judiciais nacionais. Internacionalmente, a Declaração tem estimulado a elaboração de instrumentos voltados à proteção dos direitos humanos e tem sido referência para a adoção de resoluções no âmbito das Nações Unidas. Acrescenta-se, por fim, para reflexão de Antonio Cassese: "Qual é o real valor da Declaração? Eu pretendi até agora demonstrar que a Declaração tem, quase que imperceptivelmente, produzido muitos efeitos práticos – a maior parte deles visível apenas a longo prazo. O mais importante é o efeito que eu devo definir em termos essencialmente negativos: a Declaração é um dos parâmetros fundamentais pelos quais a comunidade internacional 'deslegitima' os Estados. Um Estado que sistematicamente viola a Declaração não é merecedor de aprovação por parte da comunidade mundial".[338]

Precisa-se que todos os trinta artigos da declaração, sejam de forma explícita, ou mesmo implicitamente, tratam sobre os direitos inerentes às minorias, pois, antes de quaisquer direitos especificamente estabelecidos a elas, são lhes devido os direitos civis, políticos, econômicos, sociais e culturais, estabelecidos neste documento.

---

[338] PIOVESAN, Flávia. **Direitos humanos e o direito constitucional internacional**. 6.ed. São Paulo: Max Limonad, 2004. p.155-156.

Em referência ao Pacto Internacional de Direitos Civis e Políticos, interessa aprofundar o entendimento em relação aos direitos que se atrelam especificamente às minorias e, no momento, às minorias étnicas, quais sejam, os artigos 18 ao 27.

Os artigos em questão tratam, fundamentalmente, de direitos civis e políticos que, ainda que remetam à compreensão individual, deve-se ampliar a compreensão para que sejam aplicados (e aplicáveis) às comunidades que partilham da ideia de serem minorias em uma determinada realidade nacional. Segundo as palavras de Travieso:

> O Pacto estipula a proteção do direito à liberdade de pensamento, de consciência e de religião (artigo 18) e a liberdade de expressão (artigo 19). Nesse sentido, estarão proibidas pela lei todas as propagandas em favor da guerra e toda apologia em favor do ódio nacional, racial ou religioso que constitua incitação à discriminação, à hostilidade e à violência (artigo 20). Reconhecem-se o direito de reunião pacífica (artigo 21) e o direito de associar-se livremente (artigo 22). Além disso, reconhece-se o direito do homem e da mulher a contrair matrimônio e a fundar uma família, sem qualquer idade específica para tal ato e o princípio da igualdade de direitos e responsabilidades do homem e da mulher no matrimônio, durante este e em caso de sua dissolução (artigo 23). Afirmam-se as medidas para proteger os direitos das crianças (artigo 24) e se reconhece o direito de todos os cidadãos a participar no governo de seu país (artigo 25). Estabelece-se que todas as pessoas são iguais perante a lei e têm direito à igual proteção da lei (artigo 26), e são previstas medidas para proteger os membros das minorias étnicas, religiosas ou lingüísticas que possam existir nos territórios dos Estados Partes do Pacto (artigo 27).[339]

Em consonância com seu artigo 27 e conforme já fora objeto de análise, constata-se, ainda que embrionariamente, que a ordem internacional caminha em direção a uma proteção mais efetiva daqueles que, durante um longo tempo, foram tratados de maneira desumana e preconceituosa por condições que lhe fogem do controle – estabelecendo, aqui, uma alusão direta ao caso das minorias étnicas.

Outro pacto que merece ser discutido é o Pacto Internacional de Direitos Econômicos, Sociais e Culturais. Tal Pacto fora produto da XXI Ses-

---

[339] TRAVIESO, Juan Antonio. *Derechos Humanos y Derecho Internacional*. 2.ed. Buenos Aires: Heliasta, 1996. p.277.

são da Assembleia Geral das Nações Unidas, realizada em 19 de dezembro de 1966, entrando em vigor em 3 de janeiro de 1976. Apontou diretrizes aos Estados signatários, segundo seu art. 2º, parágrafo 1º, que alude que *individualmente e através da assistência e cooperação internacionais, especialmente econômicas e técnicas, até o máximo de seus recursos disponíveis, com vistas a alcançarem progressivamente a completa realização dos direitos*. Findou possíveis equívocos quanto ao caráter dos direitos sociais, econômicos e culturais: são tão respeitáveis e reconhecidos quanto os direitos civis e políticos, não havendo entre eles qualquer posição de supremacia, contando, todos eles, com caráter normativo aos Estados aderentes. Diferem-se apenas dos direitos civis e políticos quanto à postura estatal: enquanto estes preveem uma postura abstencionista do Estado, os direitos sociais, econômicos e culturais necessitam, para sua realização, da atuação estatal, como bem determina a doutrina:

> Se os direitos civis e políticos devem ser assegurados de plano pelo Estado, sem escusa ou demora – têm a chamada auto-aplicabilidade –, os direitos sociais, econômicos e culturais, por sua vez, nos termos em que estão concebidos pelo Pacto, apresentam realização progressiva. Vale dizer, são direitos que estão condicionados à atuação do Estado, que deve adotar todas as medidas, tanto por esforço próprio como pela assistência e cooperação internacionais, principalmente nos planos econômicos e técnicos, até no máximo de seus recursos disponíveis, com vistas a alcançar progressivamente a completa realização desses direitos (artigo 2º, parágrafo 1º do Pacto).[340]

Sublinhando o que interessa às minorias, esse pacto trata do direito à participação na vida cultural da comunidade (artigo 15) – aspecto que, num cenário de discriminação, vem a ser fundamental para o reconhecimento de um respeito mútuo às mais diferentes formas étnicas e culturais existentes em um mesmo território.

Em relação à Convenção Internacional Sobre a Eliminação de Todas as Formas de Discriminação Racial[341], em seu primeiro artigo define-se, de forma importantíssima, o que vem a ser discriminação racial:

---

[340] PIOVESAN, Flávia. Proteção Internacional dos Direitos Econômicos, Sociais e Culturais. *IN*: SARLET, Ingo Wolfgang. **Direitos fundamentais sociais: estudos de direito constitucional, internacional e comparado.** Rio de Janeiro: Renovar, 2003. pp. 244-245.

[341] BRASIL. **Decreto n. 65.819**, de 8 de dezembro de 1969.

Artigo 1, I – Na presente Convenção, a expressão "discriminação racial" significa qualquer distinção, exclusão, restrição ou preferência fundadas na raça, cor, descendência ou origem nacional ou étnica que tenha por fim ou efeito anular ou comprometer o reconhecimento, o gozo ou o exercício, em igualdade de condições, dos direitos humanos e das liberdades fundamentais nos domínios político, econômico, social, cultural ou em qualquer outro domínio da vida pública.

Outro ponto relevante abordado no documento versa sobre os direitos pertencentes exclusivamente a um grupo social, quando esse se encontra inferiorizado frente ao restante da população de um determinado Estado – tal qual o caso das minorias étnicas -, podendo, então, estar estabelecida e conformada, nos termos do documento, a discriminação racial. Ainda conforme o seu primeiro artigo:

Artigo 1, IV – Medidas especiais tomadas com o objetivo precípuo de assegurar, de forma conveniente, o progresso de certos grupos sócias ou étnicos ou de indivíduos que necessitem de proteção para poderem gozar e exercitar os direitos humanos e as liberdades fundamentais em igualdade de condições, não serão consideradas medidas de discriminação racial, desde que não conduzam à manutenção de direitos separados para diferentes grupos raciais e não prossigam após terem sido atingidos os seus objetivos.

O documento ainda discrimina determinadas políticas que devem ser implementadas, com o intuito de eliminar qualquer tipo de discriminação racial, por seus Estados-Partes. Em seu artigo quinto, encontra-se o seu ponto culminante, enunciando todos os direitos que deverão ser garantidos a qualquer uma das raças ou etnias existentes no interior de cada Estado que ratificou tal documento. Para se reconhecer tais direitos, imprescindível fica a leitura da totalidade do artigo em questão, assim transcrito:

Artigo 5 – De acordo com as obrigações fundamentais enunciadas no artigo 2 desta Convenção, os Estados Partes comprometem-se a proibir e a eliminar qualquer discriminação racial sob todas as suas formas e a garantir o direito de cada um à igualdade perante a lei, sem distinção de raça, cor ou origem nacional ou étnica, nomeadamente no gozo dos seguintes direitos
a) direito de recorrer a um tribunal ou a qualquer outro órgão de administração da justiça;

b) direito à segurança das pessoas e à proteção do Estado contra violência ou lesão corporal cometida por funcionários do Governo ou por qualquer pessoa, grupo ou instituição;

c) direitos políticos, especialmente o de participar de eleições – votando e sendo votado – através de sufrágio universal e igual, direito de tomar parte no governo assim como na direção dos assuntos públicos em todos os escalões, e direito de ter acesso em igualdade de condições às funções públicas;

d) outros direitos civis, nomeadamente: (i) direito de circular livremente e de escolher sua residência no interior de um Estado; (ii) direito de deixar qualquer país, inclusive o seu, e de regressar ao mesmo; (iii) direito a uma nacionalidade; (iv) direito ao casamento e à escolha do cônjuge; (v) direito de qualquer pessoa, tanto individualmente como em associação com outras, à propriedade; (vi) direito de herdar; (vii) direito à liberdade de pensamento, de consciência e de religião; (viii) direito à liberdade de opinião e de expressão; (ix) direito à liberdade de reunião e de associação pacíficas;

e) direitos econômicos, sociais e culturais, nomeadamente: (i) direito ao trabalho, à livre escolha do trabalho, a condições eqüitativas e satisfatórias de trabalho, à proteção contra o desemprego, a um salário igual para um trabalho igual, a uma remuneração eqüitativa e satisfatória; (ii) direito de fundar sindicatos e de filiar-se a eles; (iii) direito à habitação; (iv) direito à saúde, a cuidados médicos, à previdência social e aos serviços sociais; (v) direito à educação e à formação profissional; (vi) direito à igual participação nas atividades culturais;

f) direito de acesso a todos os lugares e serviços destinados ao uso publico, tais como meios de transporte, hotéis, restaurantes, cafés, espetáculos e parques.

Finalizando os ideais contidos nessa convenção, e não perdendo de vista as minorias étnicas e seus direitos assegurados neste documento, vale citar seu artigo sétimo, o qual indica o papel relevante dos Estados nas medidas contra a discriminação:

Artigo 7 – Os Estados Partes comprometem-se a tomar medidas imediatas e eficazes, sobretudo no campo de ensino, educação, cultura e informação, para lutar contra preconceitos que conduzam à discriminação racial e para favorecer a compreensão, a tolerância e a amizade entre nações e grupos raciais e étnicos, bem como promover os objetivos e princípios da Carta das Nações Unidas, da Declaração Universal dos Direitos Humanos, da Declaração das Nações Unidas sobre a Eliminação de Todas as Formas de Discriminação Racial e da presente Convenção.

Por fim, cabe ressaltar alguns aspectos da Declaração sobre os Direitos das Pessoas Pertencentes a Minorias Nacionais, Étnicas, Religiosas e Linguísticas, focalizando seus termos para com as minorias étnicas.

Mesmo tendo sido um documento pioneiro, o qual sugere uma leitura voltada apenas às minorias, ainda assim há uma crítica a se fazer: cada minoria tem suas peculiaridades e, assim mesmo, o documento trata dos direitos das minorias nacionais ou étnicas, religiosas e linguísticas como se tais tivessem as mesmas características, de modo uniforme. O ideal seria considerar tal Declaração fosse como uma base genérica para os direitos das minorias e, para cada uma de suas discriminações, fosse desenvolvido um novo documento específico.

Reconhece-se que para se ter a efetivação dos direitos das minorias – e, consequentemente, das minorias étnicas –, o que se faz mais imprescindível é não apenas a conscientização da população nacional, mas o estabelecimento de documentos normativos internacionais que ensejem uma efetiva pressão na formatação de políticas públicas nacionais que, por sua vez, venham, efetivamente, efetivar os direitos das minorias e promover uma guinada para a construção de sociedades plurais e inclusivas.

3.4. A autodeterminação da minoria curda no âmbito do direito internacional

Analisados todos os aspectos inerentes aos direitos humanos, ao princípio de autodeterminação dos povos e ao direito das minorais, faz-se indispensável rumar à aplicação de tais institutos ao povo curdo.

Primeiramente, realça-se a correta correspondência do povo curdo ao princípio da autodeterminação dos povos, visto que tal comunidade se atém ao conceito de minoria étnica, o que lhe faz detentora de direitos advindos da autodeterminação.

Ademais, os curdos estão, inegavelmente, inseridos no conceito de direito dos povos Relembra-se que, pela noção de povo, tem-se a ideia da "junção de vários indivíduos que obedecem a alguns ou muitos padrões sociais comuns, e que estas unidades de indivíduos são, por sua vez, diferentes entre si".[342]

Com esse conceito reafirmado, investiga-se, agora, as características da própria etnia curda. Os curdos, como já fora, possuem origem indo-

---

[342] BARBOSA, Marco Antonio. **Autodeterminação: direito à diferença**. São Paulo: Plêiade, 2001. p.58.

-europeia, sendo uma etnia não correspondente à árabe. Possuem traços culturais marcantes que os diferenciam dos outros habitantes das regiões que se encontram, tendo, ainda, sua própria língua, sua própria história, além de tantos outros traços peculiares que fazem com que sejam considerados uma minoria nos Estados que habitam.

Quando o Estado do Curdistão veio a ser extinto, resultado na divisão de seu território entre alguns países outrora já destacados, os curdos foram considerados estranhos aos nacionais desses mesmos países, uma vez que possuíam padrões sociais e culturais diferentes, corroborando com o entendimento, então, que desde então, dever-se-ia ter-lhes garantido seus direitos como minoria.

Discute-se que, fazendo parte do conceito de povo, os curdos têm não apenas a faculdade, mas sim a obrigação de desfrutar de todos os direitos que do conceito surgem. Os principais direitos dos povos estão elencados na Declaração dos Direitos dos Povos, novamente assim descritos: direito à existência; ao respeito por sua identidade nacional e cultural; de conservar a posse pacífica de seu território e de retornar a ele em caso de expulsão; à autodeterminação; de se libertar de toda dominação colonial ou estrangeira direta ou indireta e de todos os regimes racistas; a um regime democrático; exclusivo sobre sua riqueza e os seus recursos naturais; de escolher o seu sistema econômico e social e de buscar a própria vida de desenvolvimento econômico em liberdade total e sem ingerência exterior; de falar sua língua, de preservar e de desenvolver sua cultura; a que não se lhe imponha uma cultura estrangeira; à conservação, à proteção e ao melhoramento do meio ambiente; à utilização do patrimônio comum da humanidade, entre outros.

O problema que é primeiro argumentado quando se estabelecem tais direitos é que, no aspecto formal e internacional, eles estão plenamente garantidos aos curdos, mas, na realidade concreta e interna de cada um dos países que os curdos se encontram, os direitos acima citados não passam de uma utopia, ou seja, sua identidade nacional e cultural é negada, já que a principal manifestação cultural curda – a utilização de sua própria língua – é reprimida em todos os referidos Estados, não lhes sendo garantida sequer uma educação de qualidade e compatível para com os preceitos próprios do direito das minorias

Nesse sentido, há, de fato, uma urgência no cenário internacional para que pressões em relação aos Estados da Turquia, do Iraque, do Irã, da Síria, da Armênia e do Azerbaijão sejam estabelecidas, visando reverter o atual quadro de violações.

Lembra-se, mais uma vez, que a população curda não tem liberdade para decidir sobre o seu próprio presente e nem pelo seu futuro, uma vez que quando ocorre qualquer manifestação de insatisfação ou de oposição ao governo de tais países, são reprimidos mediante um alto grau de violência. Assim sendo, se não há o respeito à autodeterminação, acaba por ser impossível o gozo pleno dos seus outros direitos.

Adentrando à questão da própria violação dos direitos humanos inerentes ao povo curdo, avista-se que, de uma maneira ou de outra, todos os países em que a população curda se encontra acabam por não lhes garantirem. Apesar de todo esse quadro que se mostra presente, faz-se pertinente destacar que existem parcelas da sociedade civil que vem, gradativamente, preocupando-se com a causa curda. Destacam-se as seguintes: Kurdistan Human Rights Watch[343], Kurdish Human Rights Project[344], Kurdistan Children's Fund[345] e The Kurdish Institute of Paris[346].

Fazendo uma breve alusão a cada uma delas, a Kurdistan Human Rights Watch é uma Organização Não-Governamental (ONG) independente, que atua assistência aos setores mais vulneráveis do povo curdo presentes no Iraque. Tem como principal objetivo garantir a participação de tais parcelas curdas na tomada de decisões, tentando garantir uma sociedade livre de discriminação sexual, nacional, étnica, religiosa ou por opinião política.

Já a Kurdish Human Righs Project vem a ser uma organização independente, dedicada a promover e proteger os direitos humanos de todas as pessoas curdas que se encontram na Turquia, no Iraque, no Irã e na Síria. Viera a ser criada em Londres, no ano de 1992, contando com parceiros em todos os Estados acima destacados.

Em relação a Kurdistan Children's Fund, objetiva-se, por intermédio de tal organização, assegurar a todas as crianças curdas, que no Iraque

---

[343] KURDISTAN HUMAN RIGHTS WATCH. Disponível em: https://kohrw.org. Acesso em: 19 de maio de 2021.
[344] KURDISH HUMAN RIGHTS PROJECT. Disponível em: <http://www.khrp.org/index.htm>. Acesso em: 19 de maio de 2021.
[345] KURDISTAN CHILDREN'S FUND. Disponível em: http://www.ksc-kcf.org. Acesso em: 20 de maio de 2021.
[346] THE KURDISH INSTITUTE OF PARIS. Disponível em: <http://www.institutkurde.org/>. Acesso em: 16 de maio de 2021.

se encontram, condições dignas de sobrevivência, recebendo proteção e comida, primeiros socorros e educação básica. Na realidade, o intuito de tal organização é assegurar um melhor futuro para todas as crianças curdas.

Por fim, a última organização a ser citada é The Kurdish Institute of Paris. Tal instituto fora criado em 1983, sendo uma organização cultural e independente, sem fins políticos e laica, que reúne intelectuais e artistas curdos de diversos Estados. Tem por objetivo contribuir com a comunidade curda no conhecimento de sua língua, de sua história e de seu patrimônio cultural, além de objetivar a integração dos imigrantes curdos que se encontram na Europa e de disseminar o conhecimento ao público estrangeiro informações sobre os curdos, sua história, sua cultura e sua situação atual.

Observa-se que há uma certa tentativa, pela própria sociedade civil, de ser feito com que os direitos inerentes à minoria curda sejam respeitados. O problema é que, muitas vezes, os governantes dos países onde os curdos se encontram não reconhecem tais organizações. Assim, examina-se uma situação complexa e grave no interior dos países que anexaram o território do antigo Curdistão. A primeira das tentativas de contorná-la seria, como já fora tratado, segundo uma pressão da sociedade internacional para que os referidos Estados não venham mais a violar os direitos inerentes à minoria curda. Mas, mais uma vez, para que haja tal pressão, necessita-se de um conhecimento e de uma propagação da questão curda para que os próprios indivíduos – de outras culturas e nacionalidades – reclamem uma ação efetiva por parte daqueles governos que determinam o destino dos curdos.

A situação se mostra-se delicada, porém, a partir especialmente do Direito Internacional dos Direitos Humanos, não impossível de ser solucionada, pois, apesar de ainda existirem povos oprimidos ao redor do mundo, conseguiu-se concretizar, a partir da descolonização, ao menos na teoria, um arcabouço jurídico de proteção ante a consolidação do princípio da autodeterminação dos povos. O que falta, em realidade, é efetivá-lo, nesse momento, aos povos que ainda se encontram sob a égide de um regime de opressão, tal como o povo curdo.

3.5. A situação dos curdos no mundo ocidental
A partir do exposto, ainda que o estudo em questão verse exponencialmente sobre a situação dos curdos naqueles Estados que anexaram o ter-

ritório do antigo Curdistão, há de se destacar que quando então ocorrera o seu desmembramento, ocorrera uma dispersão dos curdos em termos mundiais, vindo a se estabelecerem, também, no mundo Ocidental.

Estima-se que nos Estados Unidos, a comunidade curda seja composta por 20.000 integrantes, enquanto no Canadá, por 7.000 pessoas. Em ambos os países, a minoria curda desfruta de uma qualidade de vida elevada, especialmente pela existência e efetivação de direitos, por parte do governo, a tal povo.[347]

Precisa-se que são essas mesmas garantias legais que fazem com que seja possível a existência de associações civis protetoras do povo curdo nessas localidades, as quais serão sucintamente agora tratadas. A primeira dessas instituições é a Kurdish National Congress of North America (KNC)[348], sendo uma organização sem fins lucrativos, a qual representa os curdos que vivem em todas as partes do Canadá e dos Estados Unidos. O KNC tem como objetivo unir todos os curdos que vivem na América do Norte para que haja a promoção da ideia de um Curdistão livre e único, além de possuir suas próprias leis e encorajar discussões abertas com outros ramos da sociedade. Com essas observações sobre tal organização, avalia-se que os curdos possuem uma nítida liberdade de expressão em tais Estados.

Uma outra instituição vem a ser a American Kurdish Information Network (AKIN)[349]. A AKIN objetiva disseminar informação para a imprensa e mídia sobre os abusos aos direitos humanos cometidos contra os curdos nos países Orientais, além de suportar as organizações de direitos humanos que atuam em prol da minoria curda. Assegura, ainda, que o Congresso estadunidense, os políticos e outras forças democráticas voltem seus olhos para a causa curda.

Uma última organização que vale ser citada para comprovar é a Washington Kurdish Institute (WKI)[350]. Além de manter outros parceiros no mundo ocidental, o WKI planeja alcançar a consciência pública

---

[347] THE KURDISH PROJECT. **Kurdish Diaspora**. Disponível em: https://thekurdishproject.org/kurdistan-map/kurdish-diaspora/. Acesso em: 25 de abril de 2021.
[348] KURDISH NATIONAL CONGRESS OF NORTH AMERICA. Disponível em: <http://www.kncna.net >. Acesso em: 20 maio de 2021.
[349] AMERICAN KURDISH INFORMATION NETWORK. Disponível em: <http://kurdistan.org/ aboutakin.html>. Acesso em: 20 de maio de 2021.
[350] WASHINGTON KURDISH INSTITUTE. Disponível em: https://dckurd.org. Acesso em: 20 de maio de 2021.

sobre as questões relativas ao povo curdo, promover o respeito aos direitos humanos nas comunidades que esta população vive, dar assistência aos esforços humanitários e de desenvolvimento da sociedade civil, tornar-se um centro cultural e educacional, ajudar no desenvolvimento dos direitos humanos e dos projetos humanitários, além de defender soluções para os problemas que os curdos encaram.

Percebe-se que na realidade estadunidense, ao menos em teoria, os curdos gozam de uma vida justa e digna, pautada nos direitos humanos e nos direitos atrelados a sua caracterização de minoria. Em contrapartida, no continente europeu, ainda que se tenham muitos dos direitos humanos efetivados aos curdos, a situação é um tanto quanto peculiar.

Primeiramente, deve-se considerar que o número de curdos presentes na Europa é muito maior do que na América do Norte. Estima-se que, em 2017, aproximadamente 1.5 milhões de curdo viviam na Europa, sendo que aproximadamente 70% desse número viviam na Alemanha.[351]

Relata-se que, logo após o final da Primeira Guerra Mundial, com o consequente desmembramento do Império Otomano, ocorrera a desintegração do Estado do Curdistão, acarretando a chamada "diáspora curda". Por motivos de proximidade territorial e de condições mais humanas de vida, muitos curdos migraram aos países europeus, especialmente à Alemanha.[352]

Pontualmente no caso alemão, o governo tratou logo de fornecer benefícios sociais – tal como o previdenciário –, culturais, políticos, dentre outros. Diz-se que a Alemanha vem passando nos últimos tempos, por um defluxo populacional, o que faz com que suas leis, ainda que em um contexto utópico e de difícil concretização, de imigrações e de proteção aos refugiados tenham se tornado mais brandas e benéficas àqueles que pretendem ali se estabelecer. Assim, analisado tal quadro, entende-se o motivo da maioria da população curda que na Europa se encontra estar fixada em solos alemães.[353]

---

[351] KURDISH INSTITUTE OF PARIS. *The Kurdish Population*. Disponível em: <http://www.institutkurde.org/>. Acesso em: 16 de maio de 2021.
[352] KIZILHAN, Ilhan. *The interaction and influence of Kurdish Diaspora Europe on the development of democracy in Iraq*. Disponível em: <http://www.institutkurde.org/conferences/erbil/Ilhan+Kizilhan.html>. Acesso em: 19 de Agosto de 2021.
[353] LYON, A; UÇARER, E. Mobilizing ethnic conflict: Kurdish separatism in Germany and the PKK. *Ethnic and Racial Studies*, 24, p. 925-948, 2001.

Ainda, sublinha-se que, enquanto a maior parte dos curdos encontram-se em solos europeus por motivos puramente sociais ou culturais, um número menor encontra-se ali por razões políticas, consolidando bases do Partido dos Trabalhos Curdos (PKK) nesses países. Como resposta, muitos Estados europeus consideraram essa organização terrorista e para fins ilegais.[354]

De todo o modo, as questões que os curdos vêm enfrentando especialmente em solos europeus ainda estão aquém das violações que enfrentam cotidianamente nos países da Turquia, Iraque, Irã, Síria, Azerbaijão e Armênia, conforme exposto neste estudo.

---

[354] O'TOOLE, Pam. *Europa's Well – Connected Kurds*. Disponível em: <http://news.bbc.co.uk/1/hi/world/europe/285102.stm>. Acesso em: 18 de maio de 2021.

CONCLUSÕES

Da análise do exposto sobre a situação curda, de todo seu histórico, da formação de sua problemática, da sua atual posição e da inserção do Direito Internacional como forma apta a se buscar uma solução à causa, podem ser extraídas algumas considerações de importante teor.

A primeira – e talvez a mais importante delas – vem a ser o fato que, da análise de todo o contexto histórico e contemporâneo do povo curdo, chega-se à conclusão que a questão só chegou a níveis alarmantes – a exemplo do massacre ocorrido no Iraque, em 1988, quando houve o genocídio de milhares de curdos, ficando conhecido como *Bloody Friday*[355] – pela falta de atenção e interesse de toda a sociedade internacional. Reconhece-se essa pouca preocupação se for comparada – de maneira analógica – a atenção despendida ao povo palestino em relação ao povo curdo: enquanto os primeiros se encontram em número muitas vezes menor – no mundo, há em torno de 10 milhões de palestinos[356], havendo, em contrapartida, a estimativa de 30 milhões de curdos[357] – e com vários direitos consagrados – cujos quais ainda não foram conquistados pelos curdos sequer nos países

---

[355] DOVYDAITIS, Jenna L., *"The Lasting Legacy of Chemical Weapons in Iraqi Kurdistan"* (2020). Honors Undergraduate Theses. 699. Disponível em: https://stars.library.ucf.edu/cgi/viewcontent.cgi?article=1837&context=honorstheses. Acesso em: 23 de maio de 2021.

[356] Segundo dados de 2021, os palestinos, que se encontram na Palestina, correspondem a um número aproximadamente de 5 milhões de pessoas, enquanto outras cinco milhões estão em uma diáspora global, desde 1948, quando então o Estado de Israel fora criado. WORLD POPULATION REVIEW. **Palestine Population 2021**. Disponível em: https://worldpopulationreview.com/countries/palestine-population. Acesso em: 25 de maio de 2021.

[357] THE KURDISH PROJECT. **Kurdish Diaspora**. Disponível em: https://thekurdishproject.org/kurdistan-map/kurdish-diaspora/. Acesso em: 25 de abril de 2021.

do Oriente –, os palestinos ainda recebem infinitamente mais atenção da mídia e de toda a coalizão internacional.

Acredita-se que o maior cúmplice dos curdos não receberem a ajuda e os apelos necessários é o pouco conhecimento, por parte da população, de sua problemática e das violações que são sofridas por esse povo. Dessa maneira, justifica-se esse estudo, primordialmente, como uma maneira de difundir a causa curda e fazer com que deixe de ser um assunto subsidiário em termos de autodeterminação dos povos e direito das minorias étnicas para vir a se tornar um foco presente em debates internacionais.

Nesta perspectiva, o estudo em tela objetivou não apenas garantir a publicidade à causa, mas também buscar bases no Direito Internacional para justificar e delimitar caminhos que ensejem uma solução possível e realística à causa da etnia curda.

O primeiro instituto buscado fora, então, a cidadania, a partir de sua perspectiva no Direito Internacional Público. Entendeu-se – e comprovou-se a partir do estudo – que a conquista de quaisquer outros direitos se figura muito custosa caso a cidadania não exista para o indivíduo e grupo societário. De fato, é a partir da consolidação e do reconhecimento da cidadania que o gozo e o exercício dos outros direitos, em um determinado Estado, tornam-se possível. É assim que se conclui que, para que haja o alcance das reivindicações aqui presentes, deva ser admitida a qualidade dos curdos como cidadãos nos países que se demonstram relutantes em reconhecer esse direito a tal povo – Turquia, Iraque, Irã, Síria, Armênia e Azerbaijão.

Em um segundo momento, infere-se que, mesmo com o desmembramento de seu Estado, os curdos continuam atrelados ao seu próprio nacionalismo, uma vez que possuem características – culturais, linguísticas, religiosas, dentre outras – e ideais comuns, os quais lhes diferenciam de todo o resto da sociedade em que vivem. Mas, mais uma vez, são vítimas de constantes repressões realizadas pelos governos dos países que vieram a anexar parcelas territoriais do antigo Curdistão. Lembra-se, novamente, que o nacionalismo nada mais é que o exercício do direito à cultura, que fora conquistado a partir da idealização da necessária existência da diversidade. Dessa forma, acredita-se que os curdos são vítimas de um xenofobismo intenso em tais Estados, uma vez que qualquer atitude que remeta a suas características não tem qualquer proteção institucional nacional, sofrendo constantes e violentas repressões.

Outra conclusão que se chega é que, segundo o direito dos povos, a diferença entre determinados conglomerados populacionais já existe desde os primórdios da vida humana, necessitando de uma proteção específica ante manifestações contrárias à diferença. Apesar de tais considerações, o direito dos povos não é garantido à população curda por aqueles governos anteriormente citados, considerando-os como comunidades inferiores o restante da sociedade. Nesse sentido, não se observa outra saída que não a necessária pressão internacional que Turquia, Iraque, Irã, Síria, Armênia e Azerbaijão venham a garantir que os curdos desenvolvam sua vida da a partir de seus aspectos culturais peculiares, independentemente do território que se encontrem.

Justifica-se, também, tal demanda a partir do princípio da autodeterminação dos povos, cujo qual encoraja um determinado povo a escolher o seu destino, devendo contar, igualmente, não apenas com o respeito, mas a proteção a partir do aparato jurídico nacional. Em decorrência, os países acima citados devem vir a garantir condições que propiciem que os curdos possam realizar suas escolhas, não devendo sofrer qualquer tipo de discriminação que faça com que a autodeterminação do povo curda seja suprimida pelos anseios dos governos nacionais em homogeneizar a população a partir da cultura dominante.

Mostra-se cristalino que os curdos se inserem no conceito de minoria nos Estados que se encontram, pois, para ser considerado como tal, independe do número de seres, mas sim a condição de inferioridade que, na prática, se estabelece. De toda a sorte, ainda que presente uma incipiente proteção no plano internacional, a responsabilidade primária em concretizas tais direitos acaba por recair no aparato estatal das realidades que os curdos se encontram.

A partir de todas essas considerações, deduz-se que muitos pontos do Direito Internacional que deveriam estar garantidos à etnia curda estão, em contrapartida, sendo constante e gravemente violados. Apesar de existirem raros focos de efetividade de direitos ao povo curdo, esses mostram-se escassos ou, até mesmo, ineficientes, tendo em vista que a maioria da população curda continua a viver em condições lastimáveis em termos de consolidação de seus direitos.

Assim, traçadas todas essas considerações, conclui-se que a dura realidade que o povo curdo vem enfrentando só será realmente solucionada quando os aclames do Direito Internacional vierem a ser internalizados e efetivamente aplicados nas realidades nacionais que este povo se encontra. Necessita-se, indubitavelmente, que toda a sociedade internacional venha a valorizar a problemática curda da maneira que merece: fazer com que de assunto periférico se torne uma questão central na agenda internacional, difundindo a causa difundida e propiciando o encontro de uma solução que se mostre interessante tanto para os curdos, bem como para povos em situações análogas que, tais como os curdos, encontram-se esquecidos pela comunidade internacional.

REFERÊNCIAS

ALI, Othman. **The Kurds and the Lausanne Peace Negotiations, 1922-23**. *Middle Eastern Studies*, vol. 33, no. 3, 1997.

ALKAN, Hilâl; ZEYBEK, Sezai Ozan. Citizenship and objection to military service in Turkey. IN: ISIN, Engin F.; NYERS, Peter Routledge Handbook of Global Citizenship Studies. New York: Routlegge, 2014.

ALLSOPP, Harriet. *The Kurds of Syria*. London: I.B. Tauris & Co Ltd, 2015.

AMERICAN KURDISH INFORMATION NETWORK. Disponível em: <http://kurdistan.org/aboutakin.html>. Acesso em: 20 de maio de 2021.

AMERICAN SOCIETY OF INTERNATIONAL LAW. **The Sèvres Centennial: Self-Determination and the Kurds**. Disponível em: https://www.asil.org/insights/volume/24/issue/20/sevres-centennial-self-determination-and-kurds. Acesso em: 07 de maio de 2021.

AMNESTY INTERNATIONAL. **Iran: human rights abuses against the kurdish minority**. London: Amnesty International Publications, 2008.

ARAZ, D. Socio-economic Conditions Before 1945 in Azerbaijan. **Turcoman Int**. Disponível em: https://turcoman.net/turk-world-articles/content-pages-2/socio-economic-conditions-before-1945-in-azerbaijan/. Acesso em: 5 de junho de 2021.

ARON, Raymond. **Estudos Políticos**. Trad. Sérgio Bath. 2ª Ed. Brasília: UnB, 1986.

_____. **Paz e Guerra entre as Nações**. São Paulo: Imprensa Oficial do Estado de São Paulo, 2002.

_____. **Peace and war**. Gardencity: Doubleday, 1966.

BABAYAN, David. **The Red Kurdistan**: geopolitical aspects of formation and abolishment. Disponível em: <http://www.noravank.am/?l=3&d=12&f=263#7_t>. Acesso em: 15 de maio de 2021.

BAGLEY, Tennet H. *General Principles and Problems in the International Protection of Minorities*. Genebra: Imprimeries Populaires, 1950.

BALIBAR, Étienne. **Citizenship**. Cambridge: Polity Press, 2015.

BARBOSA, Marco Antonio. **Autodeterminação: direito à diferença**. São Paulo: Plêiade, 2001.

BELMONTE DE RUEDA, Esperanza; MARTORELL, Manuel. **Kurdistán, historia de un nacimiento imposible**. *Observatorio de Conflictos, Informe*; 2, 1996.

BEN-DOR, Oren. The One-State as a Demand of International Law: Jus

Cogens, Challenging Apartheid and the Legal Validity of Israel. **Holy Land Studies**, 12, 181-205.

BIAZI, Chiara Antonia Sofia Mafrica. O Princípio de Autodeterminação dos Povos Dentro e Fora do Contexto da Descolonização. **Rev. Fac. Direito UFMG, Belo Horizonte**, n. 67, pp. 181 – 212, jul./dez. 2015.

BIRMINGHAM, David. *The Decolonization of Africa*. London: Taylor & Francis, 2008.

BISHOP JR., William W. *International Law: cases and materials*. Londres: Little Brown and Company – Law Book Division – Editorial Board, 1971.

BLAKEMORE, Erin. Why the United States has birthright citizenship. History. Disponível em: https://www.history.com/news/birthright-citizenship-history-united-states. Acesso em: 05 de maio de 2021.

BOBBIO, Norberto. **Estado, Governo e Sociedade. Fragmentos de um dicionário político**. 21ª ed. São Paulo: Paz e Terra, 2018.

BOLUKBASI, Suha. *Azerbaijan – A Political History*. London: I.B. Tauris, 2011.

BONAVIDES, Paulo. **Ciência Política**. 10ª Edição. São Paulo: Malheiros Editores, 2004.

BRASIL. **Decreto n. 596**, de 6 de julho de 1992.

BRASIL. **Decreto n. 65.819**, de 8 de dezembro de 1969.

BRITANNICA, THE EDITORS OF ENCYCLOPAEDIA. Kurd. Encyclopedia Britannica, 17 Dec. 2019. Disponível em: https://www.britannica.com/topic/Kurd. Acesso em: 29 de abril de 2021.

_____. Kurdistan Workers' Party. **Encyclopedia Britannica**, 27 Aug. 2019, Disponível em: https://www.britannica.com/topic/Kurdistan-Workers-Party. Acesso em: 14 de junho de 2021.

BROWNLIE, Ian. 1997 **Princípios de direito internacional público**. Lisboa: Fundação Calouste Gulbenkian.

BUERGENTHAL, Thomas. *International Human Rights*. Minnesota: West Publishing, 1988.

BUIKEMA, Rosemarie; BUYSE, Antoine; ROBBEN, Antonius C.G.M. *Cultures, Citizenship and Human Rights*. London: Routledge, 2020.

CANÇADO TRINDADE, Antônio Augusto. **A evolução da proteção dos direitos humanos e o papel do Brasil**. Brasília: Instituto Interamericano de Derechos Humanos, 1992.

_____. **Direito das Organizações Internacionais**. 4.ed. Belo Horizonte: Del Rey, 2009.

_____. **O Direito Internacional em um Mundo em Transformação**. Rio de Janeiro: Renovar, 2002.

_____. **Tratado de Direito Internacional dos Direitos Humanos**. 2ª ed. Porto Alegre: Sergio Antonio Fabris Editor, 2003.

CAPOTORTI, Francesco. *Study on the Rights of Persons Belonging to Ethnic, Religious and Linguistic Minorities*. United Nations Office of the High Commissioner for human Rights (UNOHCHR), 1998.

CARTA DE BANJUL. Disponível em: http://pfdc.pgr.mpf.mp.br/atuacao-e-conteudos-de-apoio/legislacao/acesso-a-informacao/internacional/carta-africana. Acesso em: 14 de maio de 2021.

CASSESE, Antonio. *International Law*. Second Edition. Oxford: Oxford University Press, 2005.

CASSIRER, Ernst. **O Mito do Estado**. São Paulo: Códex, 2003.

CASTLES, Stephen; HAAS, Hein de; MILLER, Mark J. *The Age of Migration: international population movements in the modern world*. Fifth edition. New York: Palgrave Macmillan, 2014.

CHARTER OF THE UNITED NATIONS. Disponível em: https://www.un.org/en/sections/un-charter/chapter-i/index.html. Acesso em: 24 de maio de 2021.

CHATHAM HOUSE. *The Syrian Kurds: a people discovered*. Disponível em: <http://www.chathamhouse.org.uk/pdf/research/mep/BPSyrianKurds.pdf#search=%22Kurds%22>. Acesso em: 24 de maio de 2021.

ÇIÇEK, Cuma. *The Kurds of Turkey – National, Religious and Economic Identities*. London: I.B. Tauris, 2017.

ÇIFÇI. Deniz. *The Kurds and the Politics of Turkey: Agency, Territory and Religion*. London: I.B. Tauris, 2019.

COMMISSION DES RECOURS DES REFUGIES. *Les Kurdes Yézidis en Arménie*. Disponível em: <http://www.commission-refugies.fr/IMG/pdf/Armenie-_les_Kurdes_yezidis.pdf>. Acesso em: 16 de maio de 2021.

CONSELHO DE SEGURANÇA DA ONU. **Resolução 688**. Index: S/RES/688, 5 de abril de 1991. Disponível em: http://unscr.com/en/resolutions/doc/688. Acesso em: 07 de maio de 2021.

_____. **Resolução 986**. Index: S/RES/986, 14 de abril de 1995. Disponível em: http://unscr.com/en/resolutions/doc/986. Acesso em: 07 de maio de 2021.

CORNELL, Svante E. *Azerbaijan since Independence*. New York: M.E. Sharpe, 2011.

CORTE INTERNACIONAL DE JUSTIÇA. Separate Opinion of Judge Sebutinde (Legal Consequences of the Separation of the Chagos Archipelago from Mauritius in 1965), Advisory Opinion of 25 February 2019.

CRETELLA NETO, José. **Teoria geral das organizações internacionais**, São Paulo: Saraiva, 2007.

CRONIN, S. *Tribal Politics in Iran: rural conflict and the new state, 1921 – 1941*. New York: Routledge, 2007.

DECLARAÇÃO DAS NAÇÕES UNIDAS SOBRE OS DIREITOS DAS PESSOAS PERTENCENTES A MINORIAS NACIONAIS OU ÉTNICAS, RELIGIOSAS E LINGUÍSTICAS. Disponível em: https://www.oas.org/dil/port/1992%20Declaração%20sobre%20os%20Direitos%20das%20Pessoas%20Pertencentes%20a%20Minorias%20Nacionais%20ou%20Étnicas,%20Religiosas%20e%20Lingu%C3%ADsticas.pdf. Acesso em: 12 de junho de 2021.

DINIZ, Márcio Augusto de Vasconcelos; ALBUQUERUQE, Newton Menezes de. Teoria do Direito e do Estado em Santo Tomás de Aquino. **Revista Pensar**, Fortaleza, v. 3, n. 3, p. 58-75, Jan. 1995.

DIRECTION OF THE HISTORICAL SECTION OF THE FOREIGN OFFICE. **Armenia and Kurdistan**. London: H.M. Stationery Office, 2020.

DOVYDAITIS, Jenna L., "The Lasting Legacy of Chemical Weapons in Iraqi Kurdistan" (2020). Honors Undergraduate Theses. 699. Disponível em: https://stars.library.ucf.edu/cgi/viewcontent.cgi?article=1837&context=honorstheses. Acesso em: 23 de maio de 2021.

EAGLETON, W. **Kurds, Turks and Arabs**. London: Oxford University Press, 1963.

EM DIREITO. **Os "Ventos de Mudança" e a Resistência Portuguesa**. Disponível em: https://media.rtp.pt/descolonizacaoportuguesa/pecas/os--ventos-de-mudanca-e-a-resistencia-

-portuguesa/. Acesso em: 06 de junho de 2021.

EMECHETA, Buchi. **Cidadã de Segunda Classe**. Porto Alegre: Dublinense, 2018.

EPPEL, Michael. *A People Without a State – The kurds from the rise of Islam to the dawn of nationalism*. Austin: University of Texas Press, 2016.

FASSBENDER, Bardo; PETERS, Anne. *The Oxford Handbook of the History of International Law*. Oxford: Oxford University Press, 2012.

FATTAH, Hassan M. Kurds, Emboldened by Lebanon, Rise Up in Tense Syria. **New York Times**. Disponível em: http://www.nytimes.com/2005/07/02/world/middleeast/kurds-emboldened-by-lebanon-rise-up-in-tense-syria.html?_r=0. Acesso em: 12 de junho de 2021.

FERRAJOLI, Luigi. **A Soberania no Mundo Moderno**. São Paulo: Livraria Martins Fontes, 2002.

FERRAJOLI, Luigi. *La democracia a través de los derechos*. Madrid: Editorial Trotta, 2014.

FINKELSTEIN, Cláudio. **Hierarquia das normas no direito internacional:** *jus cogens e metaconstitucionalismo*. São Paulo: Saraiva, 2013.

FINLAN, Alastair. *Essential Stories – The Gulf War 1991*. Oxford: Osprey Publishing, 2003.

FONDATION INSTITUT KURDE DE PARIS. *The Kurdish Population*. Disponível em: https://www.institutkurde.org/en/info/the-kurdish-population-1232551004. Acesso em: 23 de maio de 2021.

FUCCARO, Nelida. *The Other Kurds – Yazidis in Colonial Iraq*. London: I.B. Tauris, 1999.

GEARY, Patrick J. **O Mito das Nações: a invenção do nacionalismo**. São Paulo: Conrad Editora do Brasil, 2005.

GELLNER, Esnest. *Naciones y nacionalismo*. Madrid: Alianza Universidad, 1988.

GUNES, Cengiz. *The Kurds in a New Middle East. The Changing Geopolitics of a Regional Conflict*. London: Palgrave Macmillan, 2019.

GUNTER, Michael M. *Historical Dictionary of the Kurds*. Lanham: The Scarecrow Press, 2009.

_____. *Out of Nowhere – the kurds of Syria in peace and war*. London: Hurst & Company, 2014.

_____. *Routledge Handbook on the Kurds*, New York: Routledge, 2019.

_____. *The A to Z of the Kurds*. Lanham: The Scarecrow Press, 2003.

_____. *The Kurds Ascending – The evolving solution to the Kurdish problem in Iraq and Turkey*. New York: Palgrave Macmillan, 2008.

HASRATIAN, M. The Kurds in the URSS and in the CIS (A Brief Account). **Iran and the Caucasus**, 2(1), 39-47, 1998.

HEPER, Metin. *The State and Kurds in Turkey – the question of assimilation*. London: Palgrave Macmillan, 2007.

HOBSBAWM, Eric J. **Nações e Nacionalismo: desde 1780**. Rio de Janeiro: Paz e Terra, 2004.

HOME OF TOUR ARMENIA. Kurds. Disponível em: <http://www.tacentral.com/people.asp?story_no=7>. Acesso em: 14 de maio de 2021.

HOVSEPYAN, Roman; STEPANYAN-GANDILYAN, Nina; MELKUMYAN, Hamlet, HARUTYUNYAN, Lili. Food as a marker for economy and part of identity: traditional vegetal food of Yezidis and Kurds in Armenia. *Journal of Ethnic Foods* (2006). Disponível em: http://dx.doi.org/10.1016/j.jef.2016.01.003. Acesso em: 24 de maio de 2021.

HUMAN RIGHTS EDUCATION ASSOCIATES. Disponível em: <http://www.

hrea.org/index. php?doc_id=439>. Acesso em: 10 de março de 2021.

HUMAN RIGHTS FOUNDATION. **Leyla Zana**. Disponível em: https://hrf.org/speakers/leyla-zana/. Acesso em: 06 de março de 2021.

HUMAN RIGHTS WATCH. **Syria: the silenced Kurds**. Disponível em: <http://www.hrw.org. reports/1996/Syria.htm>. Acesso em: 13 de junho de 2021.

_____.*UN Committee against Torture: Review of Turkey*. Disponível: https://www.hrw.org/news/2016/04/22/un-committee-against-torture-review-turkey. Acesso em: 4 de abril de 2021.

HUSEK, Carlos Roberto. **A nova (des) ordem Internacional ONU**: uma vocação para a paz. Tese (Doutorado em Direito) – Pontifícia Universidade Católica de São Paulo, São Paulo, 2004.

INSTITUT KURD. Disponível em: <http://www.institutkurde.org/institut/>. Acesso em: 28 de abril de 2021.

IRAQ – KURDS. Minotiry Rights Group International. Disponível em: https://minorityrights.org/minorities/kurds-3/. Acesso em: 16 de abril de 2021.

ISIN, Engin F.; TURNER, Bryan S. **Handbook of Citizenship Studies**. London: SAGE Publications Ltd., 2002.

IUS GENTIUM CONIMBRIGAE (Universidade de Coimbra). **O Direito das Minorias**. Disponível em: https://igc.fd.uc.pt/manual/pdfs/O.pdf. Acesso em: 23 de abril de 2021.

JIMENEZ, Jeremy; KABACHNIK, Peter. The Other Iraq: Exploring Iraqi Kurdistan. **FOCUS on Geography,** n. 55, p. 31 – 40, 2012.

JOSHUA PROJECT (2017). **Assyrian**. Disponível em: https://joshuaproject.net/people_groups/10464. Acesso em: 20 de abril de 2021.

KARSH, Efraim. ***The Iran-Iraq Qar, 1980 – 1988***. Oxford: Osprey Publishing, 2002.

KELSEN, Hans. ***Derecho y Paz en las Relaciones Internacionales***. Trad. Florencio Acosta. México: Fondo de Cultura Económica, 1996.

KELSEN, Hans. **Principios de Derecho Internacional Público**. Trad. Hugo Caminos e Ernesto C. Hermida. Granada: Comares Editorial, 2013

KELSEN, Hans. **Teoria do Direito e do Estado**. 3ª ed. São Paulo: Malheiros, 1998.

KIPER, Claudio Marcelo. **Derechos de las minoria ante la discriminación**. Buenos Aires: Hammurabi, 1998.

KIZILHAN, Ilhan. *The interaction and influence of Kurdish Diaspora Europe on the development of democracy in Iraq*. Disponível em: <http://www.institutkurde.org/conferences/erbil/Ilhan+Kizilhan.html>. Acesso em: 19 de Agosto de 2021.

KOOHI-KAMALI, Farideh. *The Political Development of the Kurds in Iran – Pastoral Nationalism*. New York: Palgrave Macmillan, 2003.

KRIKORIAN, Danny. *Ethnic Exclusion & Conflict in the Caspian: Comparing Kazakhstan & Azerbaijan*. 2018. Dissertação (Master's in Political Science) – University of Central Florida, 2018.

KURDISH HUMAN RIGHTS PROJECT. Disponível em: <http://www.khrp.org/index.htm>. Acesso em: 19 de maio de 2021.

KURDISH HUMAN RIGHTS PROJECT. **The Kurds: a background**. 2005. Disponível em: <http://www.khrp.org/AnnualReports/annual05/kurdsabackground.htm>. Acesso em: 20 março 2021.

KURDISH INSTITUTE OF PARIS. **The Kurdish Population**. Disponível em: <http://www.institutkurde.org/>. Acesso em: 16 de maio de 2021.

KURDISH MEDIA. **United Kurds Voice.** Disponível em: <http://www.kurdmedia.com>. Acesso em: 13 de maio de 2021.

KURDISHPEOPLE.ORG. **Red Kurdistan.** Disponível em: https://kurdishpeople.org/red-kurdistan/. Acesso em: 05 de maio de 2021.

KURDISTAN CHILDREN'S FUND. Disponível em: http://www.ksc-kcf.org. Acesso em: 20 de maio de 2021.

KURDISTAN DEMOCRATIC PARTY – IRAQ. Disponível em: <http://www.kdp.se/>. Acesso em: 15 de abril 2021.

KURDISTAN HUMAN RIGHTS WATCH. Disponível em: https://kohrw.org. Acesso em: 19 de maio de 2021.

KURDISH NATIONAL CONGRESS OF NORTH AMERICA. Disponível em: <http://www.kncna.net >. Acesso em: 20 maio de 2021.

KURDISTAN REGIONAL GOVERNMENT. **Kurds in Iraq welcome democracy.** Disponível em: <http://www.krg.org/articles_detail.asp?RubricNr=&ArticleNr=7156&LangNr=12&LNNr=28&RNNr=44>. Acesso em: 12 maio 2021.

KURJIAKA, Kristina M. *The Iraqi Use of Chemical Weapons Against the Kurds: A Case Study in the Regulation of Chemical Weapons in International Law.* Penn State International Law Review: Vol. 9: No. 1, Article 6, 1991. Disponível em: http://elibrary.law.psu.edu/psilr/vol9/iss1/6. Acesso em: 09 de março de 2021.

KYMLICKA, Will; NORMAN, Wayne. **Citizenship in Diverse Societies.** Oxford: Oxford University Press, 2000.

LIBRARY OF CONGRESS COUNTRY STUDIES. **Syria – Kurds.** Disponível em: <http://lcweb2.loc.gov/ cgi-bin/query/r?frd/cstdy:@field(DOCID+sy0036)>. Acesso em: 20 de junho de 2021.

LIMA, Antonio Sebastião de. **Teoria do Estado e da Constituição – Fundamentos do Direito Positivo.** Rio de Janeiro: Freitas Bastos, 1998.

LINKLATER, Andrew. Cosmopolitan citizenship. **Citizenship Studiedies**, Londres, v.2, n.1, 1998.

LYON, A; UÇARER, E. Mobilizing ethnic conflict: Kurdish separatism in Germany and the PKK. **Ethnic and Racial Studies**, 24, p. 925-948, 2001.

MACDOWALL, David. **A Modern History of Kurds.** Fourth Edition. London: I.B. Tauris, 2021.

MAHLER, Claudia; MIHR, Anja; TOIVANEN, Reetta. **The United Nationas decade for human rights education and the inclusion of national minorities.** Frankfurt: Peter Lang, 2009.

MALANCZUK, Peter. The Kurdish Crisis and Allied Intervention in the Aftermath of the Second Hulf War. **European Journal of International Law** (1991), n. 114, p. 114 – 132.

MANSFIEL, Stephen. **The Miracle of the Kurds –A Remarkable Story of Hope Reborn in Nothern Iraq.** Brentwood: Worthy Publishing, 2014.

MARCOVITCH, JACQUES. **Cooperação Internacional: estratégia e gestão.** São Paulo: Editora da Universidade de São Paulo, 1994.

MARCUS, Aliza. **Blood and Believe: the PKK and the Kurdish Fight for Independence.** New York: NYU Press, 2009.

MARGARIAN, Hayrapet. The Nomads and Ethnopolitical Realities of Trnascaucasia in the 11th-14th Centuries. **Iran & the Caucasus**, 5, 75-78, 2021.

MARITAIN, Jacques. **O homem e o estado.** Rio de Janeiro: Livraria Agir, 1966.

MARSHALL, T.H. **Citizenship and Social Class.** London: Cambridge University Press, 1950.

MARTÍNEZ, Gregório Peces-Barba; CASCÓN, Angel Llamas; LIESA, Carlos Fernandéz. **Textos básicos de derechos humanos com estudios generales y especiales y comentários a cada texto nacional e internacional.** Navarra: Talleres de Editorial Aranzadi, 2000.

MARTORELL, Manuel. **Kurdistán, historia de um nacionalismo imposible.** Disponível em: <http://www.fuhem.es/portal/areas/paz/observatorio/informes/kurd.htm>. Acesso em: 22 de março de 2021.

McDOWALL, David. **A Modern History of the Kurds.** London: I.B. Tauris, 2007.

MCINTOSH, Ian S. A Conditional Coexistence: Yezidi in Armenia. **Cultural Survival Quartely Magazine.** Disponível em: https://www.culturalsurvival.org/publications/cultural-survival-quarterly/conditional-coexistenceyezidi-armenia. Acesso em: 13 de abril de 2021.

MEHO, Lokman I. **The Kurds and Kurdistan: a selective and annotated bibliography.** Westport: Greenwood Press, 1997.

MENEZES, Wagner. **Direito internacional na América Latina.** Curitiba: Juruá, 2007.

MIDDLE EAST WATCH REPORT, **Genocide in Iraq – Introduction.** Disponível em: https://www.hrw.org/reports/1993/iraqanfal/ANFALINT.htm. Acesso em: 06 de abril de 2021.

_____. **Genocide in Iraq – First Anfal.** Disponível em: https://www.hrw.org/reports/1993/iraqanfal/ANFAL3.htm. Acesso em: 02 de maio de 2021.

_____. **Genocide in Iraq: The Anfal Campaign Against the Kurds.** Disponível em: https://www.hrw.org/reports/1993/iraqanfal/APPENDIXB.htm. Acesso em: 02 de maio de 2021.

MINORITY RIGHTS GROUP INTERNATIONAL. **Armenia – Kurds (Kurdmanzh).** Disponível em: https://minorityrights.org/minorities/kurds-kurdmanzh/. Acesos em: 07 de abril de 2021.

_____. **Azerbaijan – Kurds.** Disponível em: https://minorityrights.org/minorities/kurds/. Acesso em: 7 de abril de 2021.

MIRÓ, Olga. **La qüestió Kurda.** Disponível em: http://antiga.observatori.org/mostrar.php?id=66&files_id=203&tipus=files&lng=cas. Acesso em: 20 março 2021.

MONTGOMERY, A. E. **The Making of the Treaty of Sevres of 10 August 1920.** *The Historical Journal* 15, no. 4 (1972): 775-87. Disponível em: https://www.jstor.org/stable/2638042. Acesso em: 5 de junho de 2021.

MOREIRA, Adriano. Nacionalismo, internacionalismo e transnacionalismo. **Escola Superior de Educação de Lisboa.** Disponível em: <http://www.eselx.ipl.pt/ciencias-sociais/Temas/nacionalismo.htm>. Acesso em: 23 de junho de 2021.

MÜLLER, D. The Kurds of Soviet Azerbaijan, 1920-91. **Central Asian Survey**, vol. 19, n. 1, p. 41-77, 2010.

MUNRO, Alan. **Arab Storm: Politics and Diplomacy Behind the Gulf War.** London: I.B. Tauris, 2006.

NASSER, Reginaldo Mattar; ROBERTO, Willian Moraes. A Questão Curda na Guerra da Síria: dinâmicas internas e impactos regionais. **Lua Nova**, São Paulo, 106: 219-246, 2019.

NATALI, Denise. **The Kurds and the state: evolving national identity in Iraq, Turkey, and Iran.** New York: Syracuse University Press, 2005.

NAYYAR, Deepak. Globalization and Democracy. **Brazilian Journal of Political Economy**, vol. 35, n. 3 (140), pp. 388-402, July-September/2015.

O'TOOLE, Pam. **Europa's Well – Connected Kurds**. Disponível em: <http://news.bbc.co.uk/ 1/hi/world/europe/285102.stm>. Acesso em: 18 de maio de 2021.

OLSON, Robert. **The Emergence of Kurdish Nationalism and the Sheikh Said Rebellion, 1880-1925**. Austin: University of Texas Press, 1989.

ORGANIZAÇÃO INTERNACIONAL PARA AS MIGRAÇÕES. **Migrants Caught in Crisis: The IOM Experience in Libya**. Disponível em: http://publications.iom.int/bookstore/free/ MigrationCaughtinCrisis_forweb.pdf. Acesso em: 06 de maio de 2021.

ÖZCAN, Ali Kemal. **Turkey's Kurds. A theoretical analysis of the PKK and Abdullah Öcalan**. New York: Routlege, 2006.

ÖZDEMIR, Adil. **Relationship between Petroleum and Iodine in Southeastern Anatolia Basin. Bulletin of The Mineral Research and Exploration**. Bull. Min. Res. Exp. (2019) 159: 145-183.

PACTO INTERNACIONAL DOS DIREITOS CIVIS E POLÍTICOS. Disponível em: http://www.planalto.gov.br/ccivil_03/decreto/1990-1994/d0592.htm. Acesso em: 05 de maio de 2021.

PATRIOTIC UNION OF KURDISTAN. **Inside Iraqi**. Disponível em: <http://www.puk.org>. Acesso em: 15 maio 2021.

PAYASLIAN, Simon. **The History of Armenia – from the origins to the present**. New York: Palgrave Macmillan, 2007.

PERMANENTE COURT OF INTERNATIONAL JUSTICE. Interpretation of the Convention Between Greece and Bulgaria Respecting Reciprocal Emigration. Advisory Opinion of 31 August 1930.

PINSKY, Jaime; PINSKY, Carla Bassanezi. **História da cidadania**. São Paulo: Contexto, 2003.

PIOVESAN, Flávia. **Direitos humanos e o direito constitucional internacional**. 6.ed. São Paulo: Max Limonad, 2004.

PIZZORUSSO, Alessandro. **Le Minoranze nel Diritto Pubblico Interno**. Milão: Giuffrè, 1967.

PLATÃO, **República**. Tradução Maria Helena da Rocha Pereira. 9. ed. Lisboa: Fundação Calouste Gulbbenkian, 2001.

RAMOS, André de Carvalho. **Curso de direitos humanos**. 2.ed. São Paulo: Saraiva, 2015.

RAMOS, André de Carvalho. **Processo internacional de direitos humanos**. 3 ed. São Paulo: Saraiva, 2013.

RAWLS, John. **The law of people**. Massachusetts: Harvard University Press, 1999.

RODRIGUES, Denise dos Santos. O dilema contemporâneo do fundamentalismo: do extremismo à intolerância. **Revista Espaço Acadêmico**, n. 206, Julho/2008, ano XVIII.

ROGG, Inga; RIMSCHA, Hans. The Kurds as parties to and victims of conflicts in Iraq. **International Review of the Red Cross**, volume 89, number 868, December 2007, p. 823 – 842.

ROMANO, David; GURSES, Mehmet. **Conflict, Democratization, and the Kurds in the Middle East**. London: Palgrave Macmillan, 2014.

RUDESCO, Alexandre Cornélius. **Etude sur la Question des Minorités de Race, de Langue et de Religion**. Lausanne: Library Payot, 1928.

SARLET, Ingo Wolfgang. **Direitos fundamentais sociais: estudos de direito constitucional, internacional e comparado**. Rio de Janeiro: Renovar, 2003.

SCOTT, J. B., **The Classes of International Law: Le Droit des Gens**. Washington: Carnegie Institute, 1916. p. 40.

SHAKHBAZYAN, G. **Russia and the problem of Kurds**. Disponível em: https://

web.archive.org/web/20120212203207/ http://www.rau.su/observer/N21_93/21_09.HTM. Acesso em: 07 de abril de 2021.

SHAW, Malcolm N. **International Law**. Eighth Ed. Cambridge: Cambridge University Press, 2017.

SHEHADI, Lemma. Yazidi bleeding hearts: The fragility of Armenia's largest ethnic minority. **Independent**. Disponível em: https://www.independent.co.uk/news/world/yazidi-armenia-ethnic-minority-nagorno-karabakh-conflict-b1203313.html. Acesso em: 03 de maio de 2021.

SHEIKH MAHMUD BARZANJI. Washington Kurdish Institute. Disponível em: https://dckurd.org/2018/07/25/sheikh-mahmud-barzanji/. Acesso em: 02 de maio de 2021.

SHIRLEY, Rodney. **The mapping of the world**. London: Holland Press, 1987. p.28.

SILAEV, Evgeny Dmitrievich; SUNY, Ronald Grigor; HOWE, G. Melvyn; ALLWORTH, Edward. Azerbaijan. Encyclopedia Britannica. Disponível em: https://www.britannica.com/place/Azerbaijan. Acesso em: 9 de maio de 2021.

SIMA, Zozan; ACADEMY, Jineolojî. A existência de um povo pela resistência: os curdos. **Revista Periferias**. Disponível em: https://revistaperiferias.org/materia/a-existencia-de-um-povo-pela-resistencia-os-curdos/. Acesso em: 27 de junho de 2021.

SIMMA, Bruno. **International Human Rights and General International Law: a comparative analysis**. Netherlands: Kluwer Law International, 1995.

SIRKECI, Ibrahim. **Exploring the Kurdish Population in the Turkish Context**. *Genus* 56, no. 1/2 (2000): 149-75. Disponível em: http://www.jstor.org/stable/29788634. Acesso em: 6 de abril de 2021.

SOUSA, Isa Filipa António de. Autodeterminação de Independência das Minorias – Mecanismo de Salvaguarda Internacional (?). Problemáticas. **Lex Humana**, Petrópolis, v. 7, n. 1, p. 58 – 78, 2015.

SWIATOCHOWSKI, Tadeusz. **Russian Azerbaijan, 1905-1920 – The shaping of national identity in a muslim community**. Cambridge: Cambridge University Press, 2004.

TABAK, Husrev. The Sovietization of Azerbaijan: The South Caucasus in the Triangle of Russia, Turkey and Iran, 1920-1922. **Insight Turkey**, v. 21, Issue 4, 2019.

TEJEL, Jordi. **Syria's Kurds – History, politics and society**. New York: Routledge, 2009.

THE KURDISH INSTITUTE OF PARIS. Disponível em: <http://www.institutkurde.org/>. Acesso em: 16 de maio de 2021.

THE KURDISH PROJECT. **Kurdish Diaspora**. Disponível em: https://thekurdishproject.org/kurdistan-map/kurdish-diaspora/. Acesso em: 25 de abril de 2021.

THONBERRY, Patrick. **International Standards in Education Rights and Minorities**. Brixton: Minority Rights Group International, 1994.

TOSCANO, C. A. M. Le minoranze di razza, di lingua, di religione, nel diritto internazionale. **International Affairs**, Volume 11, Issue 1, January 1932.

TRATADO DE SÈVRES (1920). **Derecho Internacional**. Disponível em: https://www.dipublico.org/3680/tratado-de-sevres-1920/. Acesso em: 04 de maio de 2021.

TRAVIESO, Juan Antonio. **Derechos humanos y derecho internacional**. 2.ed. Buenos Aires: Heliasta, 1996.

UNITED NATIONS. **A/RES/1514(XV)**, 14 December 1960. Disponível em: https://

documents-dds-ny.un.org/doc/RESOLUTION/GEN/NR0/152/88/PDF/NR015288.pdf?OpenElement. Acesso em: 29 de junho de 2021.

_____. **A/RES/47/135**, 3 February 1993. Disponível em: https://documents-dds-ny.un.org/doc/UNDOC/GEN/N93/076/55/IMG/N9307655.pdf?OpenElement. Acesso em: 19 de junho de 2021.

UNITED STATES INSTITUTE OF PEACE. **The Troubled Provinces: Kurdistan**. Disponível em: https://iranprimer.usip.org/blog/2020/sep/08/iran's-troubled-provinces-kurdistan. Acesso em: 02 de maio de 2021.

UNIVERSITY OF MARYLAND. **Minorities at Risk – Assessment for Kurds in Iran**. Disponível em: http://www.mar.umd.edu/assessment.asp?groupId=63007. Acesso em: 05 de junho de 2021.

UNREPRESENTED NATIONS & PEOPLES ORGANIZATION. **Iranian Kurdistan – Democratic Party of Iranian Kurdistan; Komala Party of Iranian Kurdistan**. UNPO, 2017.

VALI, Abbas. **Kurds and the State in Iran**. London: I.B. Tauris, 2011.

VANLY, Parêz. **Aspects de la Question Nationale Kurde en Iran**. Paris: Association des Etudiants Kurdes en Europe, 1959.

VOICE OF KURDISTAN. Disponível em: http://www.voiceofkurdistan.com. Acesso em: 07 de abril de 2021.

VERVERS, Mija; NARRA, Rupa. The 2014 Yazidi genocide and its effect on Yazidi diaspora. **The Lancet**, Vol. 28, 2017.

WAGLEY, Charles; HARRIS, Marvin. **A Typology of Latin American Subcultures**. Boston: American Anthropologist, 1955.

WASHINGTON KURDISH INSTITUTE. Disponível em: https://dckurd.org. Acesso em: 20 de maio de 2021.

WEATHERALL, Thomas. **Jus Cogens: International Law and Social Contract**. Cambridge: Cambridge University Press, 2015.

WHITE, Paul. **The PKK: Coming Down from the Mountains**. London: Zed Books, 2015.

WOOD, Gordon. **The creation of American Republic, 1776 – 1787**. Chapel Hill: University of North Caroline Press, 1969.

WORLD POPULATION REVIEW. **Palestine Population 2021**. Disponível em: https://worldpopulationreview.com/countries/palestine-population. Acesso em: 25 de maio de 2021.

WORKERS' LIBERTY. **The 1920s "Red Kurdistan"**. Disponível em: https://www.workersliberty.org/story/2021-06-21/1920s-red-kurdistan. Acesso em: 06 de maio de 2021.

YILDIZ, Kerim; TAYSI, Tanyel B. **The Kurds in Iran: The Past, Present and Future**. London: Pluto Press, 2007.

_____. **The Kurds in Iraq – The Past, Present and Future**. London: Pluto Press, 2004.

_____. **The Kurds in Syria – the forgotten people**. London: Pluto Press, 2005.

_____. **The Kurds in Turkey: EU Accession and Human Rights**. London: Pluto Press, 2005.

YILMAZ, Harun. The Rise of Red Kurdistan. **Iranian Studies**, 47:5, 799-822, 2014.